270 recettes
pour cuisiner tous les jours

Éditions Ouest-France

Sommaire

DESCRIPTIF DES PICTOGRAMMES

Temps de préparation

15 min

Temps de cuisson

20 min

Niveau de difficulté :

difficile

moyennement facile

facile

Niveau de prix :

cher

moyennement cher

pas cher

REMARQUES

- Les niveaux de prix et de difficulté sont relatifs à la catégorie de recettes concernée. En effet, le budget consacré à une soupe très élaborée sera toujours moins élevé que celui consacré à une viande préparée simplement.
- Les prix des produits frais sont considérés en saison.
- Le vin conseillé s'applique à la recette où il figure et non systématiquement à l'ensemble du menu proposé.

Entrées

Carpaccio de canard

aux dés de foie blond et céleri,
vinaigrette au jus de truffe
et à l'huile d'amandes grillées

Ingrédients

- 2 magrets de canard mulard,
- 100 g de foie gras,
- 1/2 boule de céleri,
- 20 cl d'huile d'amandes grillées,
- vinaigre de Xérès,
- 10 cl de jus de truffe,
- sel de Guérande,
- poivre mignonnette,
- pelure de cerfeuil.

4 personnes

 35 min
 10 min

Menu

Carpaccio de canard
aux dés de foie blond
et céleri vinaigrette
au jus de truffe
•
Rouget à la crème de céleri
et tartinette de son foie
•
Petits bigoudens

Vin conseillé:
Vin de Loire

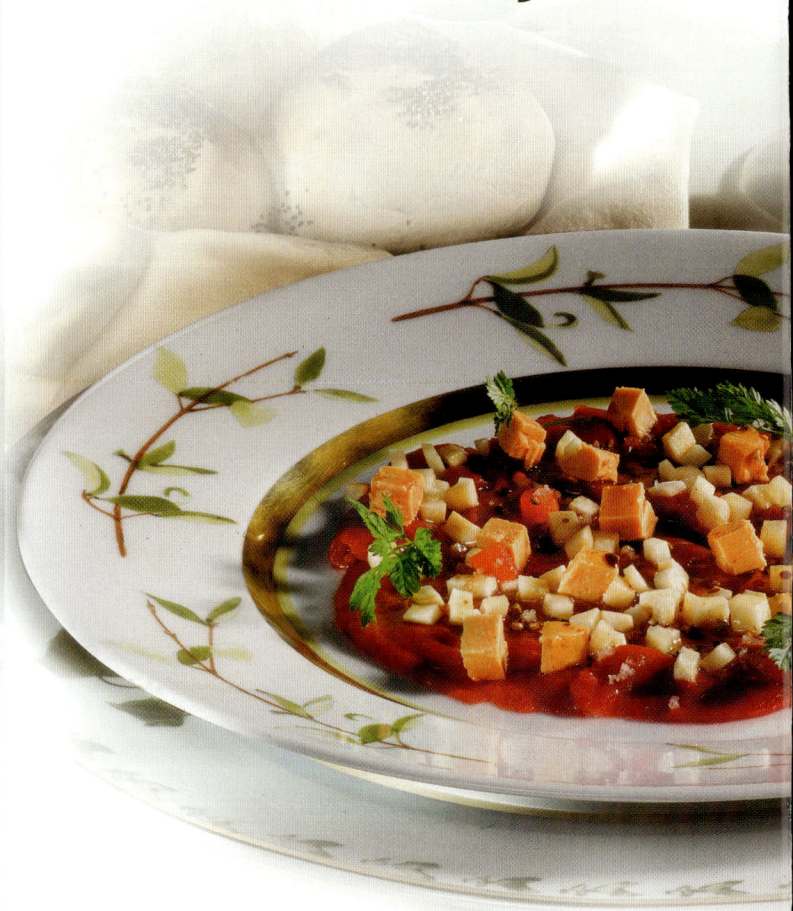

1 Enlever la peau qui se trouve sur un côté des magrets. Les mettre dans le freezer du réfrigérateur pendant une vingtaine de minutes. Il est indispensable qu'ils soient légèrement glacés afin de mieux les couper.

2 Pendant ce temps, éplucher le céleri, le couper en fine mirepoix, c'est-à-dire en petits cubes de 2 mm de côté. Blanchir cette mirepoix pendant quelques secondes dans de l'eau bouillante salée, puis la rafraîchir.

3 Confectionner une vinaigrette avec le jus de truffe, le vinaigre et l'huile d'amandes grillées.

4 Tapisser toute la surface de quatre assiettes très froides de fines tranches de magret de canard cru. À l'aide d'un pinceau, badigeonner le magret émincé avec la vinaigrette et remettre quelques minutes les assiettes dans le réfrigérateur.

5 Disposer harmonieusement la mirepoix de céleri, ainsi que de tout petits dés de foie gras.

6 Arroser avec le restant de la vinaigrette, saupoudrer de sel et de poivre, et disposer quelques pelures de cerfeuil.

Cocktail de fruits de mer

1 Préparer les fruits de mer. Laver les moules et les coques, les faire cuire, les décoquiller, puis les réserver.

2 Verser le jus de citron dans une grande jatte. Y couper les noix de coquilles Saint-Jacques en fines lamelles, laisser macérer 5 min.

3 Ajouter la pomme taillée en petits cubes, les moules, les coques et la chair de crabe. Peler l'orange à vif, la couper en quatre, puis en lamelles, verser dans la jatte.

4 Préparer la mayonnaise. Placer le jaune d'œuf dans le bol du mixeur.

5 Ajouter la moutarde, le sel et le poivre.

6 Faire tourner le mixeur 1 min avant de verser l'huile en mince filet par l'ouverture du bol.

7 Lorsque la mayonnaise est bien ferme, y incorporer le ketchup, le tabasco, le paprika, l'armagnac et la crème fraîche.

8 Mélanger cette mayonnaise dans la jatte de fruits de mer et mettre 1h dans le réfrigérateur.

9 Pour servir, garnir des coupes à glace d'une feuille tendre de laitue, puis remplir de cocktail de fruits de mer. Poser une rondelle d'œuf dur sur chaque coupe et une crevette rose. Piquer un brin de persil et réfrigérer encore quelques minutes avant de servir.

MENU

Cocktail de fruits de mer
•
Navarin d'agneau
•
Tarte au sucre

Vin conseillé : Muscadet

Ingrédients

- 3 concombres,
- 10 feuilles de menthe,
- 30 cl de crème liquide,
- sel.

4 personnes

20 min

15 min

Menu

Crème glacée de concombre
à la menthe
●
Morue aux pommes de terre
●
Gâteau de pommes
et gaudes sablées

Vin conseillé:
Bergerac sec

Crème glacée de concombre à la menthe

1 Éplucher et évider les concombres, les cuire 15 min à la vapeur.

2 Les mettre dans le mixeur quelques minutes, puis passer à travers une passoire fine.

3 Faire refroidir sur de la glace ou le faire la veille.

4 Laver, hacher la menthe et l'ajouter au concombre.

5 Laisser macérer quelques heures, puis incorporer la crème, assaisonner.

6 Verser en soupière individuelle ou en assiette creuse.

7 Placer au centre une rondelle de concombre, dés de tomates, etc.

Gelée de tomates, espuma au basilic

Ingrédients

- 1,5 kg de tomates,
- 8 feuilles de gélatine,
- 5 cl de vinaigre de Xérès,
- 10 cl d'huile d'olive,
- 2 bottes de basilic,
- sel, poivre,
- fleur de sel.

6 personnes

30 min

15 min

Menu

1 Tremper les feuilles de gélatine dans de l'eau froide.

2 Laver, équeuter, mixer les tomates et passer au chinois. Ajouter le vinaigre de Xérès, assaisonner.

3 Prélever 10 cl de cette préparation. Faire chauffer avec six feuilles de gélatine essorées.

4 Une fois les feuilles de gélatine fondues, incorporer l'appareil au restant de tomates mixées.

5 Dresser dans six ramequins, réserver au frais.

6 Équeuter, laver et cuire les feuilles de basilic 10 min dans de l'eau bouillante salée, puis les rafraîchir aussitôt dans de l'eau glacée.

7 Prélever 20 cl d'eau de cuisson. Incorporer les deux feuilles de gélatine restantes. Laisser refroidir à température ambiante.

8 Passer au mixer les feuilles de basilic avec les 20 cl d'eau de cuisson.

9 Verser cette préparation dans l'appareil à crème chantilly.

10 Au moment de servir, sortir les ramequins du réfrigérateur. Parsemer de fleur de sel et d'huile d'olive.

11 Déposer sur chaque ramequin une rosace d'espuma : mousse obtenue avec l'appareil à chantilly.

On peut également réaliser cette recette avec des tomates jaunes ou vertes. L'essentiel est de la consommer le jour même.

Menu

Gelée de tomates,
espuma au basilic

●

Chevreau à l'oseille

●

Flognarde aux pommes

Vin conseillé :
Beaujolais

Marinade
de Saint-Jacques au gingembre et citron vert

Ingrédients

- 350 g de noix de Saint-Jacques,
- 2 citrons verts,
- 30 g de gingembre,
- 1 cuillerée à café de coriandre hachée,
- 1 cuillerée à café de cerfeuil haché,
- 20 g de sauce soja,
- 10 cl d'huile épicée,
- 60 g de champignons de Paris,
- 1 petite courgette,
- fleur de sel,
- 2 brins de coriandre et cerfeuil.

4 personnes

 40 min  20 min

Menu

Marinade de Saint-Jacques au gingembre et citron vert
•
Côtes de veau à la vapeur de cidre
•
Pompe aux pommes caramélisées

Vin conseillé : Muscadet

1 Laver les Saint-Jacques. Les éponger, puis les réserver au réfrigérateur.
2 Laver, essuyer, puis râper la peau des citrons verts.
3 Presser et filtrer le jus des citrons verts.
4 Laver et tailler le vert de la courgette en brunoise.
5 Laver et couper le blanc des champignons en brunoise.
6 Éplucher, puis hacher très fin le gingembre.
7 Émincer les Saint-Jacques en lamelles, puis les répartir sur quatre assiettes, parsemées de brunoise de champignons et courgette.
8 Dans un bol, mélanger le jus et les zestes de citrons verts, la sauce soja, l'huile d'épices, le gingembre, la coriandre et le cerfeuil.
9 Arroser les Saint-Jacques avec cette vinaigrette, les parsemer de fleur de sel, de pluches de coriandre et de cerfeuil.

Petites crevettes au cidre

Ingrédients

- 1 kg de crevettes,
- 2 l d'eau,
- 1 bouteille de cidre traditionnel,
- gros sel gris,
- poivre en grains.

5 personnes

10 min

5 min

1 Dans un grand faitout, verser l'eau et le cidre.
2 Ajouter une poignée de gros sel et quelques grains de poivre. Porter à ébullition.
3 Plonger les crevettes dans le liquide brûlant et poursuivre la cuisson pendant 5 min à petits bouillons.

4 Égoutter aussitôt et servir les crevettes chaudes, accompagnées de tranches de pain bis et d'un bon beurre fermier, de préférence salé.
5 Grises ou roses, dites bouquets, les crevettes doivent être consommées très fraîches et cuites impérativement vivantes.

Menu

Petites crevettes au cidre
•
Filet de bœuf stroganof
•
Tarte sucrée au potiron

Vin conseillé :
Gros plant

Ingredients

- 500 g de petites sardines bleues,
- 180 g de gros sel gris,
- 50 g d'oignons hachés,
- 10 g d'échalotes hachées, 5 g d'ail haché,
- 25 g de chair de citron en dés,
- 60 g de chair d'orange en dés,
- 1/4 d'orange en zestes hachés,
- 2 g de gingembre frais haché,
- 60 g de muscadet,
- 60 g d'huile de colza,
- 60 g d'huile d'olive,
- thym de Provence.

Garniture décorative :
- 120 g de tomates rouges fermes en petits dés, • chair 1/2 citron en petits dés, • chair 1/2 orange en petits dés, • 100 g d'oignons ciselés, • 1 cuill. à soupe ciboulette ciselée, • 4 feuilles de menthe ciselées, • 1 cuill. à soupe persil plat haché, • 50 g d'huile d'olive, • 1 cuill. à soupe de vinaigre balsamique, • 1 cuill. à soupe de Worcestershire sauce, • sel , poivre.

Décoration :
- 40 g de pousses de pourpier,
- 30 g de fromage frais aux herbes,
- 30 g de compotée de tomates épicées,
- 20 g de haricots de mer au naturel (se trouve en épicerie spécialisée),
- baies roses.

10 personnes

 Quelques jours à l'avance
 15 min

Menu

Petites sardines marinées aux aromates
•
Entrecôte au muscadet
•
Bourdelots haut-normands

Vin conseillé :
Muscadet/Surlie

Petites sardines
marinées aux aromates

Sardines :
1 Vider et lever les filets de sardines. Les mettre au sel gris 4 h, les laver et les plonger dans un grand volume d'eau froide 5 min.
2 Les égoutter et bien les sécher.

Marinade :
1 Faire revenir l'ail, l'oignon et l'échalote hachés dans les huiles.
2 Au bout de 2 min, ajouter les zestes hachés, les chairs de citron et d'orange.
3 Ajouter le muscadet. Laisser cuire doucement 10 min. Refroidir en transvasant dans un autre récipient, assaisonner de poivre.
4 Dresser les sardines dans un récipient creux en recouvrant de toute la marinade.
5 Laisser au froid 12 h avant la dégustation.

Garniture décorative :
1 Faire revenir dans l'huile les oignons ciselés pendant 1 min, ajouter les autres ingrédients à froid. Assaisonner.

Dressage :
1 Sur une grande assiette, dresser sur la partie inférieure huit filets de sardines, le large du filet en haut, recouvrir de garniture décorative.
2 Dresser sur le haut quelques pousses de pourpier de part et d'autre, une quenelle de fromage frais aux herbes et la compotée de tomates épicées.
3 Parsemer légèrement les filets de sardines d'haricots de mer et de baies roses.

Salade d'andouillette de Chablis aux beursaudes

Ingrédients

- 4 andouillettes de Chablis,
- 1 à 2 salades frisées ou pissenlits,
- 2 pommes de terre,
- 500 g de panne de porc,
- 1 échalote,
- 1 petite cuillerée de moutarde,
- 10 cl de vinaigre de vin,
- 30 cl d'huile de colza,
- sel et poivre.

8 personnes

 35 min  20 min

1 Tout d'abord, dans une casserole, faire fondre à feu doux la panne de porc coupée en petits morceaux.

2 La faire rissoler jusqu'à obtenir des grattons croustillants. C'est ce que l'on nomme chez nous les beursaudes.

3 Réserver les beursaudes et un peu de graisse restante de la cuisson.

4 Faire cuire les pommes de terre à l'eau, puis les refroidir et les couper en rondelles.

5 Préparer la vinaigrette. Pour cela, mettre une petite cuillerée de moutarde, du sel, du poivre, le vinaigre de vin et l'échalote ciselée.

6 Émulsionner à la cuillère en incorporant l'huile de colza.

7 Éplucher la salade et l'essorer. Réchauffer les rondelles de pommes de terre avec un peu de graisse des beursaudes.

8 Couper les andouillettes crues en rondelles.
Servir le tout avec la salade.

Menu

Salade d'andouillette
de Chablis aux beursaudes
●
Thon cuit et cru
au gingembre, échalotes
et jus d'ail rôti
●
Gâteau battu

Vin conseillé :
Chablis

Ingrédients

- 4 andouillettes,
- 120 g de lentilles vertes,
- 200 g de doucette,
- 2 cuillerées à soupe de vinaigre de Xérès,
- 6 cuillerées à soupe d'huile de noix,
- sel, poivre,
- beurre,
- 2 échalotes ciselées,
- 2 cuillerées à soupe de ciboulette hachée.

4 personnes

20 min

30 min

Menu

Salade d'andouillette aux lentilles vertes et à la doucette
•
Filets de soles picardes
•
Soufflé aux pruneaux

Vin conseillé :
Corbières

Salade d'andouillette aux lentilles vertes et à la doucette

1 Laver, éplucher la doucette et l'égoutter.

2 Cuire les lentilles vertes, puis les rafraîchir.

3 Mettre les andouillettes dans une poêle avec un peu de beurre et les cuire doucement environ 30 min.

4 Confectionner la vinaigrette et en prendre la moitié pour assaisonner les lentilles, puis l'autre moitié pour la doucette.

5 Couper en rondelles les andouillettes, les disposer en rosace sur une assiette.

6 Mettre les lentilles au centre et poser dessus la doucette.

Salade
à la chalutière

Ingrédients

- 12 filets de hareng saur,
- 2 verres de lait,
- 1 verre d'huile d'olive,
- 2 cuillerées à soupe de moutarde,
- 4 cornichons,
- 6 pommes de terre,
- 1 betterave cuite,
- 3 cuillerées à soupe d'huile de tournesol,
- 1 cuillerée à soupe de vinaigre,
- persil,
- ciboulette,
- 2 échalotes,
- 1 verre de vin blanc,
- sel, poivre et si possible, la laitance de harengs frais.

6 personnes

1 h   30 min

1 Faire tremper les filets de hareng dans le lait pendant 1 h, puis les égoutter et les sécher.

2 Les faire mariner dans l'huile d'olive pendant une bonne heure.

3 Laver les pommes de terre et les cuire à l'eau avec leur peau. Dès qu'elles sont cuites, les retirer de la casserole et les peler encore chaudes.

4 Les couper en rondelles et verser le vin dessus. Bien mélanger. Les pommes de terre absorberont d'autant mieux le vin qu'elles seront plus chaudes.

5 Réduire en purée la laitance des harengs et verser l'huile d'olive goutte à goutte, ajouter la moutarde de manière à faire une émulsion.

6 Saler, poivrer. Si vous ne trouvez pas de laitance, remplacer cette émulsion par un verre de mayonnaise.

7 Bien égoutter les harengs et les napper avec la sauce. Disposer tout autour des tranches fines de cornichons.

8 Éplucher la betterave, la couper en dés et l'ajouter aux pommes de terre tièdes.

9 Préparer une vinaigrette avec l'huile de tournesol et le vinaigre de vin et la verser sur les légumes.

10 Saupoudrer la salade de persil, échalotes et ciboulette hachés et servir en même temps que les harengs.

Menu

Salade à la chalutière
•
Pièce de « salers » poêlée, sauce au bleu d'Auvergne
•
Pommes de Nans-sous Sainte-Anne au four et sorbet au coing

Vin conseillé : Entre-deux-mer

Salade de coques aux radis roses et aux herbes vertes

Ingrédients

- 1,5 kg de coques,
- 1 botte de radis,
- 200 g de mélange de cerfeuil,
- persil plat,
- coriandre et mâche.

Vinaigrette :
- 2 cuillerées à soupe de vinaigre de cidre,
- 3 cuillerées à soupe d'huile de pépins de raisin,
- 30 cl de crème liquide,
- sel, poivre.

4 personnes

30 min 6 min

Menu

Salade de coques
aux radis roses
et aux herbes vertes

•

Civet de volaille
au vin chaud

•

Tarte au chocolat

Vin conseillé :
Vin blanc sec

1 Équeuter le cerfeuil, le persil plat et la coriandre, laver et essorer le tout.

2 Préparer la mâche, la laver et l'essorer. Mélanger toutes les herbes ensemble.

3 Préparer la vinaigrette : vinaigre, sel, poivre, huile, crème. Réserver.

4 Couper les radis au ras des fanes, éliminer la racine, les laver et les tailler en rondelles. Les cuire 2 min au cuit-vapeur.

5 Laver les coques, puis les ouvrir 4 min au cuit-vapeur. Les décortiquer. Disposer le mélange d'herbes au centre d'une assiette, arroser légèrement de vinaigrette.

6 Répartir sur le dessus les coques décortiquées et les rondelles de radis.

Salade d'hiver au cidre

Ingrédients

- 1 scarole,
- 2 pommes reinettes,
- 1 petit céleri rave,
- 4 pommes de terre,
- 1 citron,
- 1 verre de cidre bien sec,
- 2 blancs de poulet cuit,
- 1 œuf,
- moutarde,
- huile,
- sel et poivre.

6 personnes

 20 min  20 min

1 Peler les pommes de terre et les faire cuire à la vapeur.

2 Presser le citron.

3 Mettre dans un bol le jaune d'un œuf cru, une cuillerée à café de moutarde, du sel et du poivre.

4 Bien mélanger.

5 Ajouter un filet de citron et monter la mayonnaise au fouet en versant progressivement l'huile.

6 Laver la scarole. Ne conserver que les feuilles tendres.

7 Couper en lanières feuilles de scarole essorées et blancs de poulet.

8 Nettoyer le cœur du céleri. Le détailler en lamelles fines ainsi que les pommes reinettes épluchées et débarrassées de leurs pépins.

9 Les arroser de citron pour qu'elles ne noircissent pas. Quand les pommes de terre sont cuites et encore chaudes, les couper en rondelles régulières et les arroser de cidre. Laisser refroidir.

10 Mélanger dans un saladier les lanières de poulet et les lamelles de céleri et de pommes. Ajouter les rondelles de pommes de terre. Au dernier moment, ajouter la salade et la mayonnaise. Retourner le tout délicatement.

11 Servir frais dans de jolies petites assiettes en soignant la présentation.

Menu

Salade d'hiver au cidre
•
Effeuillé de haddock aux endives
•
Far aux pruneaux

Vin conseillé :
Entre-deux-mers

Ingrédients

- 1,5 à 2 kg de homard breton de préférence et du gros sel.

Vinaigrette :
- 12,5 cl d'huile d'olive,
- 12,5 cl d'huile de pépins de raisin,
- 5 cl de vinaigre de Xérès,
- 15 g de fleurs de lavande,
- 1 cuillerée à soupe de sauce soja,
- sel, poivre.

Garniture :
- 1/2 poivron rouge,
- 1/2 poivron vert,
- 1/2 poivron jaune,
- 1 bulbe de fenouil,
- 2 branches de céleri,
- 50 g de champignons de Paris,
- 250 g de mesclun,
- 2 brins de menthe.

4 personnes

50 min

4-6 min

Menu

Salade de homard aux poivrons doux, vinaigrette à la lavande

•

Magrets de canard à la murat

•

Clafoutis limousin

Vin conseillé : Pouilly-fumé

Salade de homard
aux poivrons doux, vinaigrette à la lavande

La veille :
1 Faire l'huile de lavande. Verser dans le bol d'un mixer l'huile d'olive, l'huile de pépins de raisin et les fleurs de lavande.
2 Mixer pendant 3 min. Débarrasser, puis laisser infuser à température ambiante jusqu'au lendemain.

Le jour même :
1 Filtrer l'huile de lavande. Terminer la vinaigrette en incorporant le vinaigre de Xérès et la sauce soja. Vérifier l'assaisonnement et réserver.
2 Faire chauffer 4 à 6 l d'eau suivant la grosseur des homards. Saler à raison de 30 g par litre.
3 Lorsque l'eau bout, y plonger les homards. Compter 4 à 6 min de cuisson après la reprise de l'ébullition.

4 Sortir les homards de la cuisson. Les laisser refroidir, puis les décortiquer. Réserver à température.
5 Éplucher, rincer, puis couper les poivrons en tout petits dés.
6 Faire de même avec le fenouil, le céleri et les champignons. Trier, laver, puis essorer le mesclun.
7 Trier et laver les feuilles de menthe. Disposer un dôme de salade arrosé de vinaigrette au centre de l'assiette. Parsemer tout autour la garniture.
8 Disposer harmonieusement les homards escalopés. Arroser de vinaigrette et poser quelques feuilles de menthe.
Servir aussitôt.

Salade de lentilles vertes du Puy

Ingrédients

- 200 g de lentilles vertes,
- 1 oignon piqué d'un clou de girofle,
- 1 carotte,
- 1 bouquet garni,
- 1 demi-cube de bouillon de volaille,
- 1 cuillerée à café de moutarde de Charroux,
- 2 cuillerées à café de vinaigre de vins vieux,
- 5 cl d'huile de noix,
- 1 échalote hachée,
- 1 gousse d'ail écrasée,
- 1 cuillerée à soupe de pourette hachée,
- 1 cuillerée à soupe de persil haché,
- 150 g de lardons séchés sautés à la poêle.

4 personnes

20 min   30 min

menu

Salade de lentilles vertes du Puy
•
Tronçons de sole aux pousses d'épinards, moules de bouchot
•
Millefeuille tiède de quetsches, glace à la fleur de pissenlit

1 Faire cuire les lentilles dans trois fois leur volume d'eau et porter à ébullition.

2 Ajouter un oignon piqué de clou de girofle, une carotte coupée en rondelles et un bouquet garni.

3 Cuire ainsi une dizaine de minutes et ajouter le cube de bouillon. Cuire encore 20 min. Égoutter tout en conservant le jus de cuisson.

4 Réaliser la vinaigrette en fouettant dans un saladier le vinaigre salé et poivré avec la moutarde et l'huile de noix.

5 Mélanger les lentilles avec les herbes, échalotes hachées, ail et lardons.

6 Assaisonner de vinaigrette selon son goût.

Ingrédients

- 1 laitue ou 1 batavia,
- 1 gros oignon,
- 4 cuillerées à soupe d'huile,
- 2 cuillerées à soupe de vinaigre de vin provenant de la Champagne,
- sel, poivre.

Salade à l'oignon frit

4 personnes

 20 min
 5 min

Menu

Salade à l'oignon frit
•
Poulet sauce rouilleuse
•
Clafoutis renversé de cerises, crème de griottes

Vin conseillé :
Vin blanc

1 Éplucher, laver et essorer la salade.
2 Disposer les feuilles dans un saladier.
3 Émincer l'oignon et le faire frire dans l'huile sur une poêle bien chaude.
4 Verser sur la salade, ajouter le vinaigre, le sel et le poivre et bien mélanger.

Salade de pétoncles

1 h   quelques minutes

1 Ouvrir les pétoncles, retirer leurs barbes et les nettoyer avec précaution. C'est une opération longue et minutieuse.
2 Les laver et les sécher sur un linge.
3 Les cuire à la poêle dans l'huile d'olive 40 s en remuant constamment. Assaisonner.
4 Mélanger les herbes à la vinaigrette. Dans un saladier, mélanger les légumes, les pommes, les tomates, les cornichons. Ajouter les pétoncles, assaisonner avec la vinaigrette.
5 Dans des coupes, disposer les feuilles de salade, ajouter le mélange légumes, fruits et pétoncles.

Menu

Salade de pétoncles
•
Lapin sauté chasseur
•
Tarte normande du père Gaston

Vin conseillé:
Graves

Tomates farcies
à la pince et l'herbe

Ingrédients

- 4 grosses tomates ou 8 moyennes,
- 2 tourteaux moyens cuits et décortiqués,
- 1 bouquet d'herbes épluchées (cerfeuil, persil, aneth),
- 4 cuillerées à soupe de vinaigrette (sel, poivre, citron, vinaigre de cidre, huile d'olive),
- sel et poivre.

4 personnes

 45 min
 30 min

Menu

Tomates farcies
à la pince et l'herbe
•
Osso buco
•
Mousse au chocolat amer

Vin conseillé :
Muscadet-sur-lie

1 Plonger les tomates en gardant si possible la queue et le pédoncule, pendant 10 à 15 s dans une casserole d'eau bouillante (les monder). Les rafraîchir aussitôt, les peler, les creuser par le dessous à l'inverse des tomates farcies classiques, mettre de côté.

2 Mélanger la chair des tourteaux avec la moitié des herbes, et la moitié de la vinaigrette, saler et poivrer l'intérieur des tomates et les fourrer avec la farce à tourteaux.

3 Mettre de côté dans un plat creux, arroser avec la vinaigrette et laisser mariner 2 à 3 h au réfrigérateur.

4 Dresser sur une assiette, décorer avec le reste des herbes en arrosant de la vinaigrette de marinade.

Bigorneaux en mini-bouchées

Ingrédients

- 500 g de bigorneaux cuits,
- 24 mini-bouchées en pâte feuilletée,
- 200 g de beurre demi-sel mou,
- 2 grosses gousses d'ail écrasées,
- 2 échalotes finement hachées,
- 2 grosses cuillerées à soupe de persil haché,
- sel, poivre.

4 personnes

 15 min  20 min

(bigorneaux décoquillés)

1 Laver les bigorneaux ou vigneaux à grande eau. Les mettre dans une casserole et les recouvrir d'eau très salée (si possible de l'eau de mer). Porter sur feu moyen, retirer du feu dès l'ébullition, laisser reposer 2 min. Les égoutter. Les servir tièdes ou froids avec du pain de seigle et du beurre demi-sel.

2 Extraire les bigorneaux de leurs coquilles à l'aide d'une brochette courte appelée pique à bigorneaux ou une épingle. Les répartir dans les mini-bouchées.

3 Amalgamer le beurre avec l'ail, les échalotes, le persil, le poivre et un peu de sel.

4 En recouvrir les bigorneaux.

5 Poser les mini-bouchées ainsi garnies sur une tôle et les placer 20 min dans le four préchauffé à 180 °C.

6 Les servir en entrée (six par assiette) entourées d'une salade. Peuvent également se servir à l'apéritif.

Menu

Bigorneaux en mini-bouchées
●
Magrets à la clavelière
●
Millassous

Vin conseillé : Chardonnay

Ingrédients

- 1 grand morceau de boudin noir,
- 5 belles pommes à chair ferme et légèrement acidulée (comme la reinette),
- 30 g de beurre,
- 1 verre à liqueur de calvados,
- 1 cuillerée à soupe d'huile,
- 1 pincée de cannelle,
- sel, poivre.

4 personnes

 30 min
 15 min

Menu

**Boudin noir
sur son lit de pommes**
•
**Rougets grillés
à la lorientaise**
•
**Salade d'oranges aux fleurs
d'oranger et jasmin**

**Vin conseillé :
Beaujolais**

Boudin noir sur son lit de pommes

1 Éplucher et épépiner les pommes. Les couper en lamelles régulières de 5 mm environ.

2 Faire fondre le beurre dans une poêle et quand il est bien chaud, y jeter les pommes.

3 Retourner de temps à autre les lamelles de fruits avec une spatule en bois.

4 Quand elles sont bien dorées, les épicer d'une pointe de cannelle, de sel et de poivre.

5 Les réserver au chaud.

6 Piquer le boudin que vous aurez préalablement badigeonné d'un peu d'huile.

7 Le faire griller à feu pas trop vif et de tous côtés.

8 L'égoutter sur un papier absorbant.

9 Dans un poêlon en terre cuite allant au feu, présenter le boudin enroulé sur lui-même, trônant au milieu des pommes.

10 Passer à nouveau sur la flamme.

Coquilles Saint-Jacques marinées

aux asters maritimes et huile de criste-marine

Ingrédients

- 2,5 kg de grosses coquilles Saint-Jacques.

Huile de criste-marine :
- 50 g d'huile de pépins de raisin,
- 30 g de criste-marine, sel fin.

Garniture :
- 150 g de carottes,
- 150 g de concombre,
- 3 g de sauce anglaise Worcestershire,
- asters maritimes (ou à défaut pousses de mâche),
- 5 g de vinaigre balsamique,
- fleur de sel,
- sel fin,
- poivre du moulin.

4 personnes

1 Mixer les cristes-marines lavées et l'huile, ajouter une pointe de sel, passer au chinois fin. Laisser macérer (l'huile se conserve 10 jours au froid). Elle doit être impérativement préparée la veille. Blanchissez les asters maritimes 30 s, rafraîchissez-les bien, égouttez.

2 Ouvrir les coquilles Saint-Jacques, bien les nettoyer. Les escaloper en petites tranches très fines et bien régulières, disposer en rosace sur des feuilles rondes de papier sulfurisé huilé à l'huile de criste-marine. Tailler en fine julienne la carotte, le concombre.

3 Mélanger les juliennes, les assaisonner avec la sauce anglaise, saler, poivrer. Sur des assiettes moyennes, dresser une fine couche d'asters maritimes, au-dessus, en rosace, les fines tranches de coquilles Saint-Jacques qui auront été cuites au four à 100 °C.

4 Napper d'huile de criste-marine. Verser en finitions quelques gouttes de vinaigre balsamique. Poivrer légèrement et parsemer de fleur de sel. Autour de cette rosace, dresser la fine julienne de légumes assaisonnés.

Menu

Coquilles Saint-Jacques marinées aux asters maritimes et huile de criste-marine
•
Rôti de porc à la bretonne
•
Tarte au quemeu

Vin conseillé : Chablis

Ingrédients

- 1 camembert pas trop fait,
- 2 œufs,
- 2 cuillerées à soupe de crème fraîche,
- farine,
- chapelure,
- poivre de Cayenne,
- jus de citron,
- muscade.

Croquettes de camembert

4 personnes

30 min

10 min

Menu

Croquettes
de camembert
•
Tacaud à la tomate
et à la moutarde aux herbes
•
Gâteau fouetté de Saint-Lô

Vin conseillé :
Bandol rouge

Préparer la sauce normande :

1 Faire blondir dans une casserole à fond épais un oignon finement émincé, dans 30 g de beurre.

2 Y ajouter 30 g de farine et autant de beurre.

3 Travailler le mélange avec une spatule en bois. Quand le roux a bien épaissi, mouiller avec un quart de litre de cidre sec.

4 Battre vivement le mélange et épicer de sel, de poivre et d'une pincée de muscade.

5 Hors du feu, incorporer un quart de litre de crème fraîche et un filet de jus de citron.

Confectionner les croquettes :

1 Écraser à la fourchette le camembert.

2 Y mêler trois cuillères à soupe de sauce normande pour le ramollir et lier avec de la crème fraîche.

3 Battre les œufs dans une assiette.

4 Façonner les croquettes, les rouler dans les œufs battus, puis dans la farine et ensuite dans la chapelure.

5 Jeter ces boulettes dans une friture bien chaude jusqu'à ce qu'elles prennent une jolie couleur dorée.

6 Les égoutter sur un papier absorbant et les servir accompagnées d'une salade de laitue façon normande.

Encornets farcis

Ingrédients

● 2 gros encornets de 500g.

Farce :
● 200 g de pain rassis,
● 25 cl de lait,
● 30 g d'échalotes,
● 3/4 de gousse d'ail,
● 2 œufs,
● 1/4 de verre de cognac,
● sel, poivre,
● persil,
● huile d'olive,
● 600 g de tomates fraîches concassées.

6 personnes

30 min

40 min

1 Nettoyer les blancs d'encornets avec beaucoup de précaution, intérieur, extérieur, sans omettre de retirer la petite peau fine, et réserver.
2 Préparer la farce suivant la composition en prenant soin de mélanger de façon très homogène.
3 Farcir les blancs d'encornets de cette préparation et fermer les extrémités de quelques points de couture.
4 Dans une cocotte (ou sautoir), les faire revenir à l'huile d'olive en colorant chaque farce, déglacer avec un peu de cognac, additionné du concassé de tomates parfumé d'une pointe d'ail et de thym.

5 Laisser cuire à feu doux 25 à 30 min environ (suivant grosseur), sans couvrir.
6 Découper en tranches les encornets, dresser sur le concassé de tomates et les servir accompagnées d'un riz pilaf en saupoudrant de persil grossièrement haché et rectifier le sel et le poivre (le tout peut se réchauffer très facilement).

Menu

Encornets farcis
●
Lapin à l'ail
●
Gâteau breton

Vin conseillé :
Gros plant

Flamiche
(tarte aux poireaux)

Ingrédients

Pâte brisée :
- 300 g de farine,
- 150 g de beurre, sel, poivre,
- 1 petit verre d'eau,
- 1 jaune d'œuf pour la dorure.

Garniture :
- 1 kg de poireaux,
- 30 g de beurre,
- 1 œuf entier et 1 jaune,
- 20 cl de crème fraîche épaisse,
- sel, poivre.

6 à 8 personnes

20 min

35-40 min

Menu

Flamiche
(tarte aux poireaux)
•
Raie bouclée au cidre
•
Pain perdu

Vin conseillé :
Vin d'Alsace

1 Préparer la pâte brisée. Dans une terrine, mélanger la farine, le sel et le beurre ramolli.
2 Pétrir rapidement du bout des doigts, incorporer peu à peu l'eau et travailler la pâte de façon à former une boule. Laisser reposer au moins 1 h.
3 Nettoyer les poireaux, les couper en rondelles (en gardant surtout le blanc), faire fondre le beurre dans une cocotte, ajouter les poireaux et les laisser cuire doucement pendant au moins 40 min avec sel et poivre.
4 Battre les œufs avec la crème et incorporer ce mélange aux poireaux, hors du feu.

5 Diviser la pâte brisée en deux masses inégales (2/3, 1/3). Les abaisser au rouleau et garnir un moule à tourtière beurré avec la plus grande.
6 Verser la garniture, recouvrir du second disque de pâte en pinçant les deux bords ensemble pour les souder.
7 Tracer des croisillons sur le dessus avec la pointe d'un couteau. Faire une cheminée au milieu pour faire échapper l'humidité.
8 Dorer la surface à l'œuf battu et mettre à cuire à four chaud (230 °C) pendant 35 à 40 min. Servir très chaud.

Fonds d'artichaut au chèvre chaud

Ingrédients

- 4 gros fonds d'artichaut cuits,
- 1 bûche de chèvre mi-sec débarrassée de sa croûte,
- 2 cuillerées à soupe de crème fraîche épaisse,
- 2 jaunes d'œufs,
- sel, poivre,
- beurre,
- thym.

4 personnes

 10 min
 10 min

1 Faire légèrement dorer les fonds d'artichauts avec 1 noisette de beurre dans une poêle. Les poser dans un plat à four.

2 Chauffer la crème fraîche dans une casserole. Y faire fondre le fromage coupé en petits morceaux. Saler peu mais bien poivrer.

3 Incorporer les jaunes d'œufs en remuant vivement.

4 Farcir les fonds d'artichauts de cette crème. Saupoudrer d'un peu de poivre et de thym sur le dessus.

5 Préchauffer le four sur gril. Faire gratiner 8 à 10 min les fonds d'artichauts sous le gril en surveillant.

6 Servir en entrée sur un petit lit de salade à l'huile de noix.
Les fonds d'artichauts se trouvent en boîte et précuits en surgelés.

Menu

Fonds d'artichaut au chèvre chaud
•
Tournedos de thon à la ratatouille
•
Gratin de pommes amandine, caramel de cidre

Vin conseillé : Sancerre

Gougères

Ingrédients

Pour de petites gougères :
- 25 cl de lait,
- 100 g de beurre,
- 150 g de farine,
- 4 œufs entiers,
- 5 g de sel,
- 50 g de gruyère ou de comté.

Pour de grosses gougères :
- 25 cl de lait,
- 125 g de beurre,
- 250 g de farine,
- 5 œufs entiers,
- 5 g de sel,
- 150 g de gruyère ou de comté.

6 à 8 personnes

 30 min
 25-30 min

Menu

Gougères
●
Saint-Pierre au pain d'épice
et vinaigre balsamique
●
Soupe glacée de
pamplemousses,
parfum de gentiane

Vin conseillé:
Bourgogne blanc

1 Mettre dans une casserole le lait, le sel et le beurre. Porter à ébullition.

2 Incorporer la farine et dessécher la pâte à feu doux pendant 4 ou 5 min jusqu'à ce qu'elle ne colle plus aux parois.

3 Laisser refroidir, puis incorporer les œufs un par un avec une spatule de bois.

4 Couper le fromage en dés d'environ 3 x 3 mm et l'ajouter à la pâte.

5 Remuer jusqu'à obtention d'une pâte bien homogène.

6 Faire alors des boules de pâte à la cuillère et les placer sur une plaque allant au four que vous aurez préalablement beurrée.

7 Dorer ces boules de pâte au jaune d'œuf.

8 Cuire à 170 °C pendant 20 à 25 min.

Goyère

Ingrédients

Pâte levée :
- 250 g de farine,
- 15 g de levure de boulanger,
- 5 cl de bière,
- 1 cuillerée à café de cassonade,
- 2 œufs,
- 100 g de beurre,
- 1/2 cuillerée à café de sel.

Garniture :
- 1/2 fromage de maroilles et le même poids de fromage frais (à la faisselle) égoutté,
- 3 cuillerées à soupe de crème fraîche,
- 2 œufs,
- 15 g de farine,
- sel, poivre.

8 personnes

 1 h 30

 30 min

1 Préparer la pâte levée : délayer la levure avec la cassonade et une cuillerée de farine dans la bière tiède.

2 Mettre la farine dans un grand saladier, puis le sel, les œufs, le beurre ramolli et la levure. Bien mélanger le tout en pétrissant quelques minutes cette pâte qui doit être bien homogène.

3 Étaler la pâte dans une tourtière beurrée et farinée. Couvrir d'un torchon et laisser lever la pâte dans un endroit tiède pendant 1 h environ.

4 Pour la garniture, enlever la croûte du maroilles, écraser celui-ci à la fourchette en y incorporant les deux œufs battus, le fromage frais, la crème, la farine, le sel et le poivre.

5 Verser la préparation sur la pâte levée et faire cuire à four chaud 30 min.

6 Servir chaud avec une bonne bière du Nord.

Menu

Goyère
•
Potée morvandelle
•
Macarons des sœurs Macarons

Boisson conseillée :
Bière

Ingrédients

- 1 kg de petites asperges,
- 1 citron,
- 50 g de farine,
- 60 g de beurre,
- 4 grosses cuillerées à soupe de crème fraîche épaisse,
- 50 à 75 g de gruyère râpé,
- 1/2 cuillerée à café de sucre,
- sel, poivre,
- beurre.

4 personnes

Menu

Gratin d'asperges
•
Poêlée de chevreau à l'ail
•
Quatre-quarts
de Caroline

Vin conseillé :
Vin de Loire

Gratin d'asperges

1 Peler largement les asperges : les couper en tronçons de 5 cm environ ; supprimer la partie dure et fibreuse du bas des tiges.
2 Jeter les asperges au fur et à mesure dans une bassine d'eau froide pour les garder tendres.
3 Faire bouillir de l'eau salée dans une casserole avec le citron coupé en rondelles.
4 Y faire cuire les asperges 20 min ; puis les égoutter en recueillant un bol (40 à 50 cl) de leur eau de cuisson.
5 Faire fondre le beurre dans une casserole sur feu doux.
6 Y verser la farine et la faire cuire 2 à 3 min en remuant.
7 Mouiller avec l'eau de cuisson des asperges. Remuer vivement avec un fouet pour éviter les grumeaux.

8 Ajouter le sucre, la crème fraîche et du poivre. Goûter et rectifier le sel.
9 Remuer jusqu'à consistance bien nappante. Préchauffer le four à 210 °C.
10 Beurrer un plat à gratin. Y installer les asperges. Les recouvrir de la béchamel ; parsemer de petits flocons de beurre et saupoudrer de gruyère râpé.
11 Faire gratiner 20 min dans le four.
12 Servir tel quel ou en accompagnement d'une viande blanche.

Huîtres chaudes du Chapus

6 personnes

30 min 5-10 min

Menu

Huîtres chaudes du Chapus

Turbot rôti à la broche, légumes du marché et son jus parfumé

Suprêmes de pamplemousses roses au sabayon de muscadet

Vin conseillé: Chablis

1 Choisir de préférence de grosses huîtres.

2 Les ouvrir et réserver leur eau bien filtrée afin qu'il n'y ait aucun éclat.

3 Détacher ensuite les huîtres en les laissant dans leurs coquilles, et les disposer soit dans des cassolettes individuelles, soit dans un grand plat allant au four.

4 Dans un récipient, préparer un beurre roux en mélangeant à feu doux le beurre, la farine, puis l'eau des huîtres et le vin blanc, lié avec deux jaunes d'œufs.

5 Laisser prendre au feu cette préparation pendant 5 à 10 min.

6 Assaisonner de sel et de paprika et napper les huîtres de cette sauce.

7 Saupoudrer légèrement de chapelure et de persil mixé et mettre au four jusqu'au premier bouillon. Servir aussitôt.

Huîtres chaudes au crémant de Loire

Ingrédients

- 30 grosses huîtres n° 1 ou n° 2,
- 1 grand verre (20 cl) de crémant de Loire brut,
- 1 cuillerée à soupe de pastis,
- poivre du moulin,
- 150 g de beurre doux coupé en cubes,
- quelques brins d'aneth ou de fenouil ciselés,
- gros sel.

6 personnes

 30 min
 3 min au gril

Menu

Huîtres chaudes au crémant de Loire
•
Étuvée d'agneau aux légumes de saison
•
Tarte renversée aux pommes et miel de sapin

**Vin conseillé :
Crémant de Loire**

1 Ouvrir les huîtres en recueillant leur eau. Retirer les chairs des coquilles, les réserver dans un bol.
2 Laver trente coquilles creuses et les garder au chaud dans le four doux.
3 Dans une casserole, verser le crémant, le pastis et l'eau des huîtres filtrée.
4 Porter sur feu vif et faire réduire de moitié. Baisser le feu ; pocher les huîtres quelques secondes dans la réduction en les remuant délicatement jusqu'à ce qu'elles deviennent opaques.
5 Les retirer immédiatement avec une écumoire et les réserver dans un bol au chaud (au bain-marie) avec 1 cuillerée de réduction pour leur éviter de se dessécher.
6 Hors du feu, incorporer petit à petit le beurre dans la réduction à l'aide d'un fouet pour obtenir une sauce onctueuse.
7 Poivrer. Disposer un lit de gros sel par assiette, y installer cinq coquilles creuses chaudes.
8 Déposer dans chacune d'elles une huître, la napper de sauce et la parsemer d'une pincée d'aneth ou de fenouil.
9 Servir de suite. On peut préparer cette recette à l'avance jusqu'au point 3 inclus. On terminera la sauce juste avant de servir.

Maquereaux

marinés « à la cornouaillaise »

Ingrédients

- 2 kg de petits maquereaux ou lisettes,
- 150 g d'oignons,
- 150 g de carottes,
- 2 branches de thym,
- 2 feuilles de laurier,
- 2 branches de persil,
- 15 grains de coriandre,
- 1 l de vin blanc sec,
- curcuma en poudre,
- pousses de fenouil,
- criste-marine,
- sel, poivre.

5 personnes

30 min

5 min

1 Dans un plat suffisamment grand pour contenir les maquereaux nettoyés et vidés, disposer ceux-ci côte à côte tête-bêche, ajouter les oignons et les carottes épluchés et très finement émincés, le thym, le laurier, le persil, la coriandre, le curcuma, sel et poivre.
2 Arroser de vin blanc, placer sur feu doux. Disposer alors les poissons comme indiqué ci-dessus.
4 À la reprise du frémissement, laisser encore 2 à 3 min sur le feu, retourner les poissons et laisser 1 à 2 min selon la taille des maquereaux.

5 Retirer alors les poissons. Les laisser refroidir, puis lever les filets et retirer les arêtes.
6 Les mettre dans un autre plat. Sous la marinade, augmenter le feu et laisser réduire jusqu'à ce que le jus soit réduit d'un tiers et le verser tiède sur les filets de poissons, dresser six filets sur assiette et décorer avec des herbes marines (fenouil, criste-marine...) et la garniture de cuisson.

Menu

Maquereaux marinés
« à la cornouaillaise »
•
Tournedos à la devinière
•
Tomates farcies
de fruits rouges,
crème de tomates et caramel

Vin conseillé :
Muscadet

Mouclade de l'aiguillon

Ingrédients

- 2,5 kg de moules,
- 3 oignons,
- 1 gousse d'ail, 80 g de beurre,
- 100 g de crème,
- 1/2 verre d'eau-de-vie,
- 2 verres de vin blanc de Mareuil,
- 1 cuillerée à café de fécule,
- safran en filaments,
- poivre de Cayenne,
- sel, poivre.

6 personnes

 20 min
 45 min

Menu

Mouclade de l'aiguillon
•
Sauté de veau
à la champenoise
•
Pommé de Ya-Ya

Vin conseillé :
Vin blanc de Mareuil

1 Les moules doivent être bien grattées, nettoyées et lavées.

2 Les verser dans un grand faitout. Le couvrir et le mettre à feu vif pendant 5 à 6 min pour faire ouvrir les moules.

3 Lorsque les moules sont ouvertes, les égoutter en réservant le jus de cuisson.

4 Enlever à chacune une coquille et les ranger soigneusement dans un grand plat en terre, profond et épais, qui sera le plat de service.

5 Couvrir et maintenir au chaud.

6 Éplucher et hacher les oignons et l'ail. Dans une poêle, mettre 40 g de beurre, les oignons hachés et les faire fondre doucement jusqu'à ce qu'ils commencent à blondir.

7 Ajouter alors l'ail, l'eau-de-vie et le vin blanc. Chauffer et flamber rapidement. Poivrer et assaisonner avec une pointe de cayenne, du sel et une pincée de safran.

8 Filtrer le jus de cuisson des moules et le verser dans la poêle. Chauffer pour faire réduire légèrement.

9 Dans un bol, manier ensemble le beurre, la fécule et la crème. Verser ce mélange dans la poêle, remuer à la spatule jusqu'à l'ébullition.

10 Passer cette sauce au chinois sur les moules. Servir aussitôt avec le même vin blanc de Mareuil.

Moules à la crème

Ingrédients

- 3 l de moules,
- 1 bouquet garni,
- 40 g de beurre,
- 40 g de farine,
- 250 g de crème fraîche,
- 20 cl de vin blanc,
- 4 échalotes,
- sel, poivre.

4 personnes

30 min

10 min

1 Gratter soigneusement les moules une par une (jeter celles qui sont ouvertes) et les laver en les brassant dans l'eau froide.

2 Les mettre dans une grande sauteuse avec le bouquet garni et le poivre et les faire ouvrir à feu vif pendant 4 à 5 min en remuant de temps en temps.

3 Recueillir le jus de cuisson des moules et le passer au tamis. Tenir les moules au chaud.

4 Hacher les échalotes et les faire cuire doucement dans le beurre, ajouter la farine et mouiller avec le vin blanc et le jus de cuisson.

5 Terminer avec la crème fraîche et faire réduire le tout à feu doux. Saler et poivrer légèrement.

6 Au moment de servir, verser la sauce sur les moules bien chaudes.

7 Dans le Nord, les moules à la crème sont traditionnellement accompagnées d'un plat de frites.

menu

Moules à la crème
•
Blanquette de veau
•
Sablés de Caen

**Vin conseillé :
Gros plant**

Ingrédients

Sauce :
- 1 oignon,
- 1 carotte,
- 3 gousses d'ail,
- 30 g de poitrine fumée,
- 1 brin de persil,
- 1 brin de céleri branche,
- 1 brin de thym,
- 1 feuille de laurier,
- 50 g de beurre,
- 1 pincée de farine,
- 50 cl de vin rouge corsé,
- sel et poivre.

Compote d'oignons au lard :
- 100 g de beurre noisette,
- 200 g d'oignons,
- 100 g de poitrine fumée,
- poivre.

Garniture :
- 8 œufs fermiers,
- 20 cl de vinaigre de vin,
- 4 tranches fines de poitrine fumée,
- 4 fines tranches de pain de mie,
- 20 g de beurre noisette,
- 4 pluches de persil.

4 personnes

35 min   1 h 35

Menu

Œufs meurette
●
Pièce de veau confite aux petits oignons, jus de carotte
●
Salade de fruits à la normande

**Vin conseillé :
Vin de Loire**

Œufs meurette

Préparer la sauce :

1 Éplucher l'oignon, la carotte et les gousses d'ail. Couper en brunoise l'oignon et la carotte, puis la poitrine en dés.

2 Dans une casserole, colorer légèrement avec 25 g de beurre l'oignon et la carotte. Ajouter le reste de la garniture, puis singer (saupoudrer de farine).

3 Mouiller avec le vin rouge. Réduire de moitié à petits bouillons pendant 1 h 30. Écumer de temps en temps.

4 Passer la sauce au chinois étamine en pressant fort.

Au moment de servir monter la sauce avec les 25 g de beurre restant.

Préparer la compote d'oignons :

1 Éplucher et émincer les oignons. Couper la poitrine en très petits lardons.

2 Chauffer le beurre noisette dans une casserole. Y jeter les oignons, puis les laisser cuire jusqu'à ce qu'ils deviennent translucides.

3 Égoutter le beurre puis mélanger les lardons avec les oignons. Vérifier l'assaisonnement. Tenir au chaud.

Préparer la garniture :

1 Préchauffer le four à 150 °C. Dans une casserole, chauffer 2 l d'eau avec le vinaigre.

2 Disposer sur une plaque à four les tranches de pain de mie coupées en deux. Les badigeonner de beurre noisette.

3 Les passer au four le temps de les sécher et de les blondir. Procéder de même avec les fines tranches de lard.

4 Casser les œufs délicatement pour ne pas les percer (un œuf par petit ramequin). Lorsque l'eau vinaigrée est frémissante, y jeter les œufs un à un. À l'aide d'une écumoire, rabattre les blancs qui commencent à coaguler sur les jaunes. Laisser cuire 3 min. Les égoutter sur un linge humide et chaud.

Dresser sur assiette la compote d'oignons et lardons. Disposer deux œufs par assiette. Napper avec la sauce. Disposer les croûtons, le lard séché et le persil. Servir aussitôt.

Omelette au chaource

Ingrédients

- 8 œufs,
- 1 petit verre de lait,
- sel, poivre,
- 100 g de chaource,
- 30 g de beurre,
- 1 cuillerée à soupe de ciboulette hachée.

4 personnes

15 min

5-7 min

Menu

1 Battre les œufs entiers dans un saladier avec le lait. Saler, poivrer.
2 Faire chauffer une poêle à fond épais avec le beurre. Verser les œufs battus dans la poêle.
3 Au bout de 1 à 2 min de cuisson, ajouter le chaource écrasé à la fourchette.
4 Remuer avec la spatule pour obtenir une cuisson uniforme.
5 Faire cuire doucement pendant 4 à 5 min, selon la consistance désirée de l'omelette.
6 Ajouter la ciboulette 1 min avant la fin de la cuisson. Détacher les bords avec la spatule et ramener une moitié de l'omelette sur l'autre.
7 Faire glisser l'omelette pliée sur un plat de service chaud.

Omelette au chaource
•
Saint-Pierre à la feuille de laurier, lentilles au jus de moutarde
•
Milla

Vin conseillé :
Beaujolais

Ingrédients

- 8 œufs (du jour),
- 2 cuillerées à soupe de crème fraîche,
- 30 g de beurre,
- sel, poivre,
- fines herbes (persil, cerfeuil, estragon).

4 personnes

 20 min
 3 min

Menu

Omelette
de la mère Poulard
•
Maquereaux à la tomate
et au curry «Madras»
•
Tarte au goumeau

Vin conseillé :
Gigondas

Omelette de la mère Poulard

1 Séparer les blancs des jaunes. Prendre deux assiettes creuses. Dans l'une, battre les jaunes d'œufs avec le sel et le poivre fraîchement moulu. Dans l'autre, fouetter les blancs comme pour une simple omelette. Il ne s'agit pas ici de les monter en neige.
2 Faire fondre dans une poêle à fond plat un beau morceau de beurre et quand celui-ci commence à chanter, verser les jaunes.

3 Dans un saladier, battre légèrement la crème et attendre que les jaunes soient à peine pris pour les en recouvrir. Ajouter aussitôt les blancs. La cuisson de l'omelette doit se faire à feu ardent et ne pas dépasser 3 min.
4 Replier l'omelette et la glisser sur un long plat de service chaud. Arroser de beurre fondu et parsemer de fines herbes finement coupées.

Palourdes farcies

Ingrédients

- 1 kg de palourdes grises,
- 1 grosse tranche de pain blanc,
- 120 g de beurre demi-sel,
- sel, poivre, chapelure blonde,
- 80 g d'échalotes hachées,
- 35 g d'ail hachée,
- 60 g d'oignons blonds hachés,
- 6 cuillerées à soupe de persil haché,
- 1 pincée de curry,
- 2 cuillerées à soupe de ciboulette ciselée.

4 personnes

40 min

10 min

Menu

1 Ouvrir les palourdes au naturel à couvert et regrouper les chairs de la palourde dans des moitiés de coquilles.

2 Tremper la tranche de pain dans le jus rendu à la cuisson des palourdes.

3 Mélanger le tout pour obtenir une pâte. Faire revenir 2 min dans une poêle avec le beurre, l'échalote, l'oignon et l'ail.

4 Ajouter le persil, la ciboulette, le curry et le poivre à la pâte faite avec le pain et le jus de palourde. Laisser revenir doucement 6 min.

5 Rectifier l'assaisonnement. Garnir les coquilles des palourdes avec un peu de farce.

6 Saupoudrer de chapelure blonde. Passer au gril jusqu'à coloration blond foncé.

Palourdes farcies
•
Souris d'agneau
en trois heures de cidre
•
Sorbet granité
à la pomme verte

Vin conseillé :
Gros plant

Ingrédients

- 20 noix de Saint-Jacques,
- 40 g de farine,
- 40 g de beurre,
- 3 pommes acides,
- 1/2 bouteille de cidre doux,
- 250 g de crème fraîche,
- sel, poivre.

Poêlée de Saint-Jacques au cidre

4 personnes

 1 h
 10 min

Menu

Poêlée de Saint-Jacques
au cidre
•
Filet d'agneau de pays
en croûte légère,
jus au thym
•
Gâteau au chocolat
servi tiède

Vin conseillé:
Pouilly fumé

1 Poser la coquille sur un torchon replié en quatre, la partie plate sur le dessus. Sectionner le muscle à l'intérieur en glissant la pointe d'un couteau à lame forte entre les deux coquilles.

2 Détacher les chairs et laver-les à grande eau. Couper les barbes (la partie grise qui entoure la noix de chair blanche) et ôter la poche noire. Ne conserver que les noix et leur croissant de corail. Éponger sur un linge humide.

3 Dans une casserole à fond épais, faire fondre le beurre.

4 Ajouter la farine. Travailler à la spatule en bois à feu doux. Le mélange ne doit pas colorer. Laisser refroidir.

5 Peler les pommes. Évider le cœur des fruits et couper la chair en petits morceaux.

6 Dans une autre casserole, verser le cidre. Ajouter les pommes. Faire chauffer, puis délayer avec la crème. Ajouter à la préparation le roux et faire cuire 5 min sans cesser de remuer. Saler, poivrer.

7 Faire revenir à la poêle dans du beurre bien chaud les noix de Saint-Jacques. Quand elles sont cuites, les réserver au chaud dans des cassolettes individuelles.

8 Déglacer la poêle avec un peu de cidre et verser le jus dans la casserole où vous avez préparé la sauce aux pommes. Mixer. Goûter et rectifier l'assaisonnement en sel et poivre.

9 Verser cette savoureuse sauce sur les Saint-Jacques et servir aussitôt.

Pommes de terre charlotte

croustillantes à la truite fumée, crème ciboulette

Ingrédients

- 500 g de pommes de terre charlotte (grosses de préférence),
- 2 filets de truite fumée,
- 2 poireaux,
- ciboulette,
- 300 g de crème fraîche liquide,
- 1 jaune d'œuf,
- beurre,
- 1 pincée de farine,
- jus de citron,
- sel, poivre.

4 personnes

1 Nettoyer les poireaux, les ciseler très finement, les mettre à compoter pendant 10 min environ avec 100 g de crème.

2 Après cuisson, adjoindre les filets de truite fumée coupés en tout petits morceaux.

3 Incorporer le jaune d'œuf avec une pincée de farine, maintenir au chaud.

4 Éplucher les pommes de terre. À l'aide d'une mandoline, couper des rondelles très fines.

5 Dans une poêle antiadhésive, réaliser des rosaces bien dorées. En confectionner deux par personne.

6 Disposer un peu « d'appareil » poireaux-truite fumée sur une rosace et le recouvrir d'une autre rosace. Passer quelques minutes l'ensemble au four pour le réchauffer.

7 Faire chauffer 200 g de crème, saler, poivrer. Incorporer la ciboulette ciselée avec un trait de jus de citron.

8 Dresser la galette de pommes de terre sur une assiette, napper de sauce autour.

Menu

Pommes de terre charlotte croustillantes à la truite fumée
●
Bœuf bourguignon
●
Sabayon de fruits rouges au monbazillac

Vin conseillé :
Bourgogne blanc

Ingrédients

- 200 g de lard maigre fumé,
- 200 g de crème fraîche,
- 4 œufs,
- sel, poivre,
- muscade râpée,
- 250 g de pâte brisée
ou de rognures de feuilletage.

Quiche Lorraine

4 personnes

 15 min

 20 min

Menu

Quiche Lorraine
•
Ballottines de colin
cressonière, purée d'ail
•
Crème à l'orange

Vin conseillé :
Bourgogne-rully blanc

1 Dans une terrine, battre les œufs avec la crème, ajouter sel, poivre, muscade râpée : c'est la migaine.

2 Enlever la couenne du lard, le couper en petits dés. Les faire sauter dans une poêle sèche afin d'enlever l'excès de gras, puis les égoutter.

3 Abaisser la pâte dans une tourtière, piquer le fond à l'aide d'une fourchette.

4 Disposer les petits lardons avec régularité, verser la migaine par-dessus et faire cuire 20 min.

5 Démouler et manger très chaud. La quiche doit être «chevelotte», c'est-à-dire onctueuse ; pour cela la crème doit dominer l'œuf.

On peut également y ajouter quelques fines herbes du jardin (ciboulette, civette, etc.).

Ragoût de moules
de bouchot aux flageolets et saucisse de Morteau

Ingrédients

- 2 kg de moules de bouchot,
- 50 g d'échalotes,
- 20 g de persil,
- 1,5 dl de vin blanc de Vuillafans,
- sel et poivre,
- 50 g de flageolets,
- 200 g de saucisse de Morteau,
- 1 dl de crème,
- persil plat.

4 personnes

20 min

45 min

menu

1 Gratter les moules, les laver. Les faire ouvrir pendant la cuisson (échalote ciselée, persil, vin blanc sel, poivre) à couvert. Après cuisson, décortiquer les moules et réserver avec le jus de cuisson. Cuire les flageolets.

2 Cuire la saucisse de Morteau, la détailler en grosse julienne (petits bâtonnets).

3 Chauffer les moules avec les flageolets et ajouter la crème.

4 Dresser dans des assiettes creuses, ajouter sur chacune la Morteau chaude et le persil plat ciselé. Le mariage du fumé et de la mer est fort apprécié, oser servir un côtes du Jura fleur de chardonnay de Labet et vos convives seront ravis.

**Ragoût de moules
de bouchot aux flageolets
et saucisse de Morteau**
•
Pot-au-feu des anciens
•
Croustillons de Flers-de-l'Orne

**Vin conseillé :
Chardonnay**

Ingrédients

- 3 à 5 queues de langoustines,
- 4 à 6 coquilles Saint-Jacques,
- 1 aubergine,
- 2 courgettes,
- 1 poivron rouge,
- 3 tomates,
- 1 cuillerée à soupe d'huile d'olive,
- 4 à 5 noisettes de beurre,
- 4 feuilles de basilic,
- 1 gousse d'ail,
- 1 bouquet garni,
- sel, poivre.

2 personnes

20 min

30 min

Menu

Ratatouille de crustacés
●
Poulet au cidre
de Fouesnant
●
Gâteau glacé
aux noix sauce chocolat

Vin conseillé :
Graves blanc

Ratatouille de crustacés

1 Couper un oignon en petits dés ainsi qu'une aubergine, deux courgettes, un poivron rouge et trois tomates préalablement émondées et épépinées.

2 Faire revenir tous ces légumes, sauf les tomates, dans un peu d'huile d'olive bien chaude. Égoutter.

3 Dans une casserole moyenne, mettre 5 cuillerées à soupe d'eau, 1 cuillerée à soupe d'huile d'olive, 4 à 5 noisettes de beurre, 1 cuillerée à soupe de basilic haché, une gousse d'ail écrasée ainsi qu'un bouquet garni.

4 Ajouter les légumes sautés et les dés de tomate.

5 Couvrir et laisser cuire à feu doux 10 min. Au moment de servir, ajouter trois à cinq queues de langoustine cuites et quatre à six noix de Saint-Jacques crues. Saler. Poivrer.

6 Mélanger doucement à la cuillère pendant 1 min. Dresser dans un saladier et servir aussitôt tel quel.

Ravioles de pommes de terre

au jambon fumé, jus de rôti de veau à la sauge

Ingrédients

- 1 paquet de pâte à ravioles (en épicerie fine),
- 150 g de pommes de terre charlotte,
- 30 g d'oignon ciselé et sué au beurre,
- 100 g de jambon fumé des Vosges,
- 1 œuf,
- sauge,
- 1 tomate,
- jus de veau,
- sel, poivre.

6 personnes

30 min

10 min

1 Cuire les pommes de terre en robe des champs. Les éplucher. Les écraser à la fourchette.
2 Adjoindre l'oignon ciselé et sué au beurre.
3 Ajouter le jambon en tout petits morceaux.
4 Saler et poivrer, ajouter un peu de sauge ciselée.

Confectionner les ravioles :
1 Disposer la pâte à ravioles sur son plan de travail. Prévoir trois ravioles par personne.

2 À l'aide d'une cuillère à café, disposer, au centre de chaque raviole, un petit tas « d'appareil » aux pommes de terre.
3 Avec un pinceau, passer les bords de la raviole à l'œuf battu, recouvrir d'un autre disque de pâte et bien souder les bords.
4 Cuire les ravioles quelques minutes à l'eau bouillante.
5 Les passer dans un jus de veau avec de la sauge ciselée.
6 Dresser en assiette, décorer avec des petits dés de tomate et des feuilles de sauge frites.

Menu

Ravioles de pommes de terre
au jambon fumé, jus de rôti
de veau à la sauge
•
Poulet au cidre
de Fouesnant
•
Gâteau glacé
aux noix sauce chocolat

Vin conseillé :
Vin d'Alsace

Ingrédients

- 20 noix de Saint-Jacques,
- 1 très grosse pomme de terre,
- 1/2 radis noir,
- 1/2 céleri-rave,
- 10 cl de mayonnaise,
- 1/2 citron vert,
- 1/2 carotte,
- 1/2 poivron rouge,
- 100 g de beurre clarifié (beurre fondu et débarrassé de son petit lait et des impuretés),
- 10 cl de crème fraîche,
- 1 cuillerée de graines de moutarde,
- 1 cl de vinaigre d'alcool blanc,
- 4 feuilles de salade (feuilles de chêne, mâche ou autre petite salade).

4 personnes

 35 min
 30 min

Menu

Rémoulade de céleri,
radis noir et Saint-Jacques au beurre de poivrons

1 Bien nettoyer les noix de Saint-Jacques, égoutter et éponger au torchon.

2 Peler, laver, émincer la pomme de terre en vingt fines tranches, les faire cuire au beurre clarifié.

3 Éplucher, laver et râper le céleri et le radis noir, mélanger avec la mayonnaise et une cuillère de graine de moutarde.

4 Gratter, laver la carotte, laver, équeuter et vider le poivron rouge, les mettre à cuire dans une casserole pendant 25 min, égoutter, puis transformer en purée dans un petit mixer, et tamiser.

5 Mettre cette purée à réduire aux trois quarts avec le vinaigre blanc, ajouter la crème, laisser fondre et monter au fouet avec la moitié du beurre.

6 Poêler les Saint-Jacques ; une fois cuites, les garder au chaud.

7 Disposer la feuille de chêne ou mâche dans l'assiette, mettre un peu de rémoulade, puis les noix de Saint-Jacques, avec sur chacune une chips de pomme de terre, entourer d'un cordon de beurre fondu et parsemer de feuilles d'aneth.

Rissoles de Saint-Flour

Ingrédients

- 500 g de pâte feuilletée,
- 200 g de caillé frais (ou fromage blanc en faisselle),
- 200 g de cantal entre-deux,
- 4 jaunes et 1 œuf entier,
- sel et poivre du moulin.

6 personnes

 30 min
 15 min

Menu

1 Prendre un caillé (ou un fromage blanc) bien égoutté.
2 Incorporer le cantal émietté. Ajouter aux fromages les jaunes et assaisonner de sel et poivre parfumé.
3 Dans la pâte, détailler une douzaine de ronds de 10 cm de diamètre environ et de 5 mm d'épaisseur.
4 Donner un coup de rouleau dans chacun d'eux pour les allonger.
5 Déposer au centre de chacun des chaussons une cuillère de farce en préservant le bord.
6 Dorer le pourtour à l'œuf et refermer hermétiquement.
7 Chauffer la friteuse à 170-180 °C et plonger les rissoles jusqu'à coloration.
Déguster chaud.

Rissoles de Saint-Flour
•
Sauté de veau marengo
•
Tarte aux raisins

Vin conseillé :
Sancerre

Ingrédients

- 1 kg de pommes de terre cuites en robe des champs,
- 150 g de lardons fumés,
- 2 oignons,
- un peu d'huile et de saindoux,
- sel, poivre,
- 6 œufs.

6 personnes

20 min

15 min

Menu

Roëstis aux œufs cassés
•
Cotriade des îles
•
Clafoutis aux cerises

Vin conseillé :
Beaujolais

Roëstis
aux œufs cassés

1 Couper les pommes de terre cuites en rondelles.
2 Émincer les oignons, les faire revenir dans une poêle avec la matière grasse et les lardons.

3 Ajouter les pommes de terre.
4 Quand celles-ci sont dorées à souhait, casser les œufs dessus. Servir quelques minutes après.

Saucisse de Morteau en brioche

Ingrédients

● 1 belle saucisse de Morteau de 500 g.

Pâte à brioche :
● 250 g de farine,
● 3 œufs,
● 10 g de levure boulangère,
● sel,
● 2 cl d'eau,
● 125 g de beurre ramolli,
● 1 œuf pour dorure.

4 personnes

1 h

30 min

1 La veille, cuire la saucisse et confectionner la pâte à brioche et réserver au réfrigérateur.

2 Étaler la pâte en un rectangle supérieur à la saucisse.

3 Retirer la peau de la saucisse de Morteau, la passer dans la farine et l'enrouler dans la pâte, replier les extrémités.

4 Poser dans un moule à cake, laisser lever, dorer à l'œuf et cuire une bonne demi-heure au four à 220°C.
Servir chaud, éventuellement avec une bonne salade.

Menu

Saucisse de Morteau en brioche
●
Filets de grenadier aux krampouz
●
Tarte aux myrtilles de Frasne

Vin conseillé :
Blanc d'Alsace

Ingrédients

- 200 g de pâte feuilletée soit 4 cercles de 15 cm de diamètre,
- 1 saucisse de Morteau de 400 g,
- 400 g de poireaux,
- 4 œufs,
- 50 g de beurre,
- herbes fraîches,
- 1 filet d'huile de colza grillé par tarte,
- sel de Guérande,
- poivre.

4 personnes

30 min · 30 min

Menu

Tartes fines à la saucisse de Morteau, étuvée de poireaux et œuf poché
•
Brandade de morue
•
Sorbet au calvados ou au pommeau

Vin conseillé :
Sancerre

Tartes fines
à la saucisse de Morteau, étuvée de poireaux et œuf poché

1 Cuire la saucisse de Morteau 20 min à frémissement dans de l'eau non salée.

2 Émincer finement les poireaux, laver, cuire avec un peu d'eau, de sel et de beurre à couvert jusqu'à évaporation complète.

3 Pocher les œufs à l'eau frémissante légèrement vinaigrée.

4 Étaler finement la pâte feuilletée, découper quatre disques de 15 cm de diamètre.

5 Cuire 9 min à 240 °C entre deux plaques. Après cuisson de la pâte, étaler l'étuvée de poireau dessus.

6 Découper la saucisse de Morteau en fines tranches et la disposer en rosace sur les poireaux, l'œuf poché au centre, un filet d'huile de colza grillé, sel de Guérande et les herbes ciselées.

Tarte aux navets

Ingrédients

- 250 g de pâte brisée,
- 1 kg de navets,
- 3 œufs,
- 200 g de crème,
- sel, poivre,
- muscade,
- 100 g de gruyère,
- 1 poignée d'oseille.

6 personnes

15 min

40 min

Menu

1 Éplucher les navets, les couper en lamelles, les cuire à la vapeur. Faire un appareil avec les œufs et la crème.
2 Y ajouter l'oseille ciselée.
3 Étaler la pâte brisée dans un moule à tarte, y déposer les navets et couvrir avec l'appareil, saupoudrer de gruyère râpé.
4 Cuire à four chaud (250 °C) environ 30 min.

Quelques variantes :
On peut ajouter :
- de la ciboulette ;
- des blancs de volaille ;
- des crevettes, des moules ou des escargots.
Découvrez le navet de Tokyo et le navet Petrowski. Le premier est blanc et a une saveur plus fine que le navet classique.
Le second est minuscule, jaune, un goût entre le rutabaga, le chou rave et la noisette. Le navet peut être remplacé par du chou rave.

Tarte aux navets
●
Poulet en cocotte
●
Pommes comme les faisait ma mamie

**Vin conseillé :
Rosé de Provence**

Tarte aux poireaux et au comté

Ingrédients

Pâte brisée :
- 250 g de farine,
- 125 g de beurre,
- 5 cl d'eau,
- 1 pincée de sel.

Garniture :
- 200 g de comté râpé,
- 3 poireaux cuits coupés finement,
- 25 cl de lait,
- 10 cl de crème,
- 3 œufs,
- 15 g de farine,
- sel, poivre,
- muscade.

6 personnes

 30 min
 45 min

Menu

Tarte aux poireaux
et au comté
•
Lapin à la moutarde
•
Spéculoos

Vin conseillé :
Vin du Jura

1 Préparer la pâte en mélangeant tous les ingrédients. Éviter de trop la travailler.
2 Laisser reposer. Préparer le goumeau en mélangeant les œufs, le lait, la crème, la cuillère de farine.
3 Assaisonner. Étaler la pâte.
4 La disposer dans une tôle à tarte de 26 cm.
5 Déposer au fond le poireau, le comté râpé. Verser le goumeau et cuire 45 min à 200 °C.

Tourte aux œufs du val de Sèvre

Ingrédients

Pâte :
- 300 g de farine,
- 150 g de beurre,
- 1 verre d'eau,
- 1 cuillerée à café de sel.

Farce :
- 12 œufs,
- 1 jaune d'œuf,
- 100 g de crème,
- 4 cuillerées de persil haché,
- sel, poivre,
- muscade.

6 personnes

20 min

25 min

Menu

1 Effriter le beurre dans la farine du bout des doigts. Ajouter le sel et assez d'eau pour former sans pétrir une pâte souple.

2 Laisser reposer au moins 1 h au frais.

3 Faire durcir les œufs dans l'eau frémissante pendant 10 min. Les passer à l'eau fraîche et les couper par la moitié.

4 Retirer les jaunes. Hacher les blancs avec le persil.

5 Foncer une tourtière avec une abaisse de pâte feuilletée qui doit déborder un peu tout autour.

6 Humecter le bord avec un peu d'eau.

7 Étendre au fond de la tourte la moitié de la crème. Placer dessus les jaunes d'œufs et par-dessus les blancs hachés avec le persil.

8 Saler, poivrer, râper un peu de muscade. Étaler sur le tout le reste de la crème.

9 Couvrir la tourte d'une seconde abaisse de pâte.

10 Border et souder le tour en pinçant les deux abaisses l'une avec l'autre.

11 Dorer la pâte avec un pinceau trempé dans le jaune d'œuf délayé avec un peu d'eau.

12 Mettre la tourtière au four préchauffé à four doux (160 °C) pendant 10 min, puis à four chaud (240 °C) pendant 15 min. Quand la tourte est bien dorée, la mettre sur un plat et la servir aussitôt.

Tourte aux œufs du val de Sèvre
•
Daube de bœuf
•
Landimolles

**Vin conseillé :
Vin blanc demi-sec**

Ingrédients

- 1 kg de pommes de terre à chair fondante (Beauvais, belle de Fontenay, bleue d'Auvergne),
- 250 g de pâte à tarte au saindoux,
- 2 gousses d'ail,
- 200 g d'oignons,
- 100 g de lardons de poitrine séchée,
- 250 g de crème épaisse,
- 1 œuf.

6 personnes

Menu

Tourte aux pommes de terre
« belle de Fontenay »
●
Lapin au miel
●
Sorbet à la rhubarbe

Vin conseillé :
Rosé

Tourte aux pommes de terre
« belle de fontenay »

1 Éplucher et laver les pommes de terre. Peler les oignons ainsi que les gousses d'ail.

2 Pétrir une pâte à tarte dans laquelle vous remplacez deux tiers du poids de beurre par du saindoux. Il faut réaliser deux abaisses.

3 Étaler finement la pâte dans un moule à tarte graissé (2,5 cm de profondeur) en laissant tout autour dépasser l'excédent.

4 Préparer le couvercle en étalant un rond fin du diamètre de la tourte. Couper les pommes de terre en fines lamelles.

5 Faire de même avec les oignons. Hacher l'ail finement. Mélanger ainsi, dans une jatte, tous les ingrédients en n'oubliant pas les lardons. Assaisonner légèrement. Battre l'œuf.

6 Garnir le moule de pommes de terre et laisser bomber un petit ventre rond. Couvrir avec le couvercle de pâte que vous dorez sur son pourtour.

7 Rabattre l'excédent pour clore hermétiquement le pâté. Dorer.

8 Enfourner à 180 °C pendant 1 h en trouant une petite cheminée au centre.

9 Les pommes de terre étant cuites, sortir la tourte du four. Inciser le couvercle sur son pourtour et l'ôter. Mélanger alors les pommes de terre à la fourchette en les nourrissant de crème épaisse.

10 Assaisonner puis égaliser. Remettre le couvercle. Votre tourte peut attendre. La remettre à chauffer 15 min avant de la déguster.

Tourtière de pommes
de terre, moules et poireaux au beurre de cidre « michelle et romain »

6 personnes

1 Éplucher les poireaux et les pommes de terre.

2 Émincer les poireaux. Les faire suer au beurre. Ajouter du cidre. Laisser compoter. Ajouter la crème fraîche en fin de cuisson. Maintenir au chaud.

3 Pendant ce temps, nettoyer les moules, les cuire en marinière (échalotes, vin blanc, persil, et poivre).

4 Décortiquer les moules. Filtrer le jus au chinois. Réserver au chaud au bain-marie.

5 Ciseler les échalotes, les mouiller dans une casserole avec le vinaigre de cidre, ajouter le cidre brut, laisser réduire.

6 Ajouter le jus des moules et monter au beurre avec un fouet. Tapisser des moules à tartelettes beurrés de rondelles très fines de pommes de terre. Les arroser de beurre fondu. Cuire au four jusqu'à coloration. Réserver.

7 Mélanger les moules, la fondue de poireaux et le jambon cru. Remplir le gâteau de pommes de terre de cette préparation. Retourner sur une assiette. Accompagner d'un cordon de sauce au cidre.

Menu

Tourtière de pommes
de terre, moules et poireaux
au beurre
•
Rôti de dindonneau
à la sauge
et au vinaigre de miel
•
Sorbet à la rhubarbe

Vin conseillé :
Irouleguy 1998, M. Brama

Traditionnelle
saucisse de Morteau et pommes de terre en salade

Ingrédients

- 2 saucisses de Morteau de 400 à 500 g,
- 1 kg de pommes de terre cuites en robe des champs,
- 2 échalotes,
- 1/2 gousse d'ail,
- 1 bouquet de persil plat.

Vinaigrette :
- 25 g de moutarde,
- poivre, sel,
- 2 cl de vinaigre,
- 1,5 dl d'huile d'arachide.

8 personnes

 30 min
 20-25 min

Menu

Traditionnelle saucisse de Morteau et pommes de terre en salade
•
Ragôut de lotte au cidre

Rabottes picardes

Vin conseillé :
Beaujolais

1 Cuire les deux saucisses entre 20 à 25 min à l'eau frémissante sans les piquer.
2 Éplucher et couper les pommes de terre cuites encore chaudes. Ciseler l'échalote et le persil. Écraser la demi-gousse d'ail.
3 Préparer la vinaigrette.
4 Mélanger le tout délicatement. Rectifier l'assaisonnement.
5 Couper la Morteau en rondelles épaisses.
Servir dans un plat creux.

Bouillabaisse

- L'essentiel est de disposer de nombreuses sortes de poissons :
  - congre,
  - saint-pierre,
  - rascasse,
  - daurade grise,
  - lotte,
  - rouget grondin,
  - merlan, etc.

6 personnes

35 min

20 min

1 Écailler, vider, nettoyer les poissons ; enlever les nageoires et les queues (mais laisser les têtes) ; couper en tronçons de taille moyenne ; faire deux ensembles séparés, d'une part les poissons «tendres» : merlan, rouget, saint-pierre (leur cuisson sera plus rapide) et d'autre part les poissons «fermes» : congre, rascasse.
2 Utiliser une très grande casserole du genre faitout ; y faire revenir avec un peu d'huile, d'olive bien sûr, des oignons et de l'ail émincés, des tomates pelées et épépinées, du piment doux en lamelles, du persil, du fenouil émincé, du thym, du laurier (la bouillabaisse doit être un «festival» de fines herbes !).

3 Ajouter 2 l d'eau et du poivre concassé et faire mijoter 10 min. Ajouter alors les poissons «fermes» ; porter à ébullition pendant 5 min ; ajouter les poissons «tendres» et porter de nouveau à ébullition pendant 5 min.
4 Réserver les morceaux de poisson au chaud ; faire réduire un peu le bouillon à petit feu. Placer les poissons dans une grande soupière et verser dessus le bouillon ; ajouter des petits croûtons de pain humectés d'huile d'olive.

Menu

Bouillabaisse
•
Ailerons de poulet dorés à l'ail
•
Aumônières de pommes au calvados

**Vin conseillé:
Blanc de Cassis**

Ingrédients

- 500 g de rosés-des-prés,
- 100 g de trompettes-des-morts,
- 100 g de cèpes,
- 100 g de girolles,
- 30 cl de crème liquide,
- 15 cl d'huile d'olive,
- 3 gousses d'ail,
- 50 g de noisettes mondées,
- 1 branche de persil et de céleri,
- sel et poivre du moulin,
- fleur de thym,
- gros sel de Guérande.

Bouillon
aux senteurs panachées

6 personnes

 35 min
 1 h

Menu

Bouillon aux senteurs
panachées
●
Pintade à la vapeur
de cidre, tagliatelles
de blé noir au lait
●
Muscadettes aux pommes
et pruneaux caramélisées
à la cassonade

Vin conseillé: Bourgueil

1 Trier et nettoyer les champignons, couper tous les pieds des champignons et les hacher grossièrement, réserver les têtes.

2 Dans une casserole, faire chauffer à l'huile d'olive l'ail écrasé, le thym, la branche de céleri, le hachis de champignons.

3 Cuire 15 min environ, puis ajouter 1 litre d'eau et 1 pincée de gros sel.

4 Faire bouillir et cuire 35 min environ à feu doux, en écumant fréquemment.

5 Couper les plus grosses têtes de champignons en les réservant par variété, concasser les noisettes et hacher finement le persil.

6 Dans une poêle, faites revenir chaque sorte de champignon avec les noisettes et le persil durant 2 à 3 min, puis les égoutter sur papier absorbant et les disposer ensuite à l'intérieur d'assiettes creuses en répartissant les sortes.

7 Passer le bouillon cuit au mixeur et le filtrer en pressant bien sûr les champignons, afin d'en extraire le maximum de jus.

8 Incorporer la crème et laisser réduire, rectifier l'assaisonnement et mixer de nouveau le bouillon avec le restant d'huile d'olive ; cela va rendre le bouillon onctueux et léger.

Servir bien chaud sur les assiettes creuses avec les champignons.

Bouriquette

Ingrédients

- 1 bouquet d'oseille fraîche,
- 4 échalotes moyennes finement hachées,
- 4 pommes de terre moyennes coupées en cubes,
- 1 bonne cuillerée à soupe de saindoux ou de beurre,
- 2 cuillerées à soupe de farine,
- 1 tablette de bouillon de volaille,
- 4 œufs,
- 4 tranches de pain de campagne rassis,
- sel, poivre,
- beurre,
- 1 verre de vinaigre,
- 1 petit bouquet de cerfeuil ciselé.

4 personnes

15 min

35 min (soupe)
3 min (œufs)

1 Équeuter l'oseille, la couper en lanières et la faire fondre avec les échalotes et le saindoux (ou beurre) dans une casserole à fond épais 5 min en remuant.

2 Ajouter la farine, remuer, mouiller avec 50 cl d'eau chaude, émietter la tablette de bouillon. Saler, poivrer, ajouter les pommes de terre. Laisser cuire 30 min.

3 Préparer les œufs pochés. Amener à ébullition 1,5 l d'eau non salée mais additionnée de vinaigre.

4 Casser les œufs un par un dans une petite tasse.

5 Approcher la tasse de la surface de l'eau frissonnante et la faire pivoter d'un mouvement sec et rapide. Ainsi le blanc de l'œuf tombera en même temps que le jaune et le recouvrira.

6 Ensuite, rabattre plusieurs fois durant la cuisson les voiles de blanc sur l'œuf. Ne jamais faire cuire plus de trois ou quatre œufs à la fois.

7 Au bout de 3 min, les retirer à l'écumoire (on peut les réserver au chaud dans de l'eau tiède).

8 Préparer les croûtons. Couper le pain rassis en petits cubes. Chauffer une noix de beurre dans une poêle. Y dorer les croûtons.

9 Pour servir, déposer un œuf poché au fond de chaque assiette creuse, recouvrir d'une louche de bouriquette. Parsemer de cerfeuil et accompagner des croûtons.

menu

Bouriquette

●

**Carré d'agneau
à la narbonnaise**

●

**Assiette de fraises
en gelée de vin rouge**

**Vin conseillé:
Corbières**

Ingrédients

- 1 kg d'asperges vertes,
- 25 g de beurre,
- 25 g de farine,
- 15 cl de crème liquide,
- sel, poivre,
- muscade.

4 personnes

25 min

40 min

Menu

Crème d'asperges vertes
●
Entrecôtes au Muscadet
●
Tartare de fruits rouges
au jus de groseille

Vin conseillé :
Côte du Rhône

Crème d'asperges vertes

1 Peler les asperges, les cuire à la vapeur dans 15 cl d'eau pendant 25 à 30 min.
2 Couper les pointes, les réserver pour la présentation.
3 Mixer le reste et passer au tamis.
4 Délayer le fond de volaille (porter l'eau à ébullition en suivant le conseil indiqué sur la boîte).
5 Faire un roux en ajoutant la farine dans le beurre fondu sur feu doux, mélanger.

6 Mouiller le roux avec le fond blanc. Faire cuire 10 min à feu doux.
7 Ajouter la purée d'asperges et un peu de muscade, mélanger. Ajouter la crème, porter à ébullition, assaisonner.
8 Mettre en soupière ou en assiette. Placer quelques pointes d'asperges tièdes.

Soupe au chou

Ingrédients

- 500 g de poitrine de porc demi-sel,
- 1 jarret de porc demi-sel,
- 2 poireaux,
- 1 oignon,
- 500 g de pommes de terre,
- 100 g de raves,
- 1 chou vert,
- gros sel,
- saindoux.

6 à 8 personnes

30 min — 3 h

Menu

Soupe au chou
•
Sardines en château des sables
•
Tartare de fruits rouges au jus de groseille

Vin conseillé :
Pouilly

1 Laver et éplucher les légumes. Couper le chou en quatre et retirer les côtes.
2 Dans une casserole d'eau froide, déposer jarret et poitrine. Amener à ébullition.
3 Refroidir sous l'eau courante. Égoutter. Faire revenir au saindoux l'oignon et les poireaux émincés.
4 Ajouter la viande et couvrir de 5 l d'eau. À ébullition, ajouter les carottes et les raves coupées en morceaux, puis les pommes de terre et le chou.
5 Laisser cuire 3 h. Après la cuisson, retirer le jarret et la poitrine que vous découpez en morceaux.
6 Servir les légumes et le bouillon dans une soupière, tandis que la viande est présentée à part.

Soupe
au chou « grasse »

Ingrédients

- 1 chou blanc ou vert,
- 200 g d'échine de porc fraîche,
- 200 g de jambon,
- 300 g d'oignons,
- graisse de canard,
- 500 g de choucroute,
- concentré de tomates en boîte,
- bouillon,
- 400 g de crème fraîche.

4 personnes

1 h 30

1 h 15

Menu

Soupe au chou « grasse »

•

Lotte des trois rivières

•

Mêlée de pêches
au muscadet

Vin conseillé :
Pouilly-fuissé

1 Faire blanchir le chou et le hacher grossièrement ; couper en petits carrés 200 g de porc (échine) et 200 g de jambon.

2 Faire revenir rapidement dans du beurre (du saindoux ou de la graisse de canard sont préférables) ces morceaux de viande avec 300 g d'oignons également coupés en petits carrés.

3 Placer dans une grande cocotte (avec couvercle) ces viandes et ces oignons avec le chou, de la choucroute cuite (500 g), une petite boîte de concentré de tomates et 1,5 l de bouillon.

4 Porter à ébullition et faire mijoter à petit feu pendant 1 h. Au moment de servir, ajouter de la crème fraîche (400 g).

Soupe au cresson

Ingrédients

- 500 g de pommes de terre,
- 1 botte de cresson,
- 1,5 l de lait,
- 40 g de beurre,
- petits croîtons dorés au four,
- sel.

4 personnes

15 min   25 min

Menu

1 Peler, laver les pommes de terre, les couper en quartiers, mettre à cuire dans 2 l d'eau salée, porter à ébullition, laisser cuire 20 min.
2 Faire bouillir le lait à part.
3 En fin de cuisson, égoutter les pommes de terre, puis les mettre dans la casserole avec le lait bouillant, ajouter les feuilles de cresson bien lavées.

4 Faire bouillir le tout 5 min, passer au mixer avec le beurre (si c'est trop épais, ajouter du lait froid), rectifier l'assaisonnement et servir sur les croûtons dorés au four.

Soupe de cresson
•
Poule au blanc
•
Meringues aux amandes

Vin conseillé :
Côteaux du Layon blanc

Ingrédients

- 250 g de chou,
- 250 g de carottes,
- 250 g de navets,
- 250 g de pommes de terre,
- 50 cl de lait,
- 1,5 l d'eau,
- 2 jaunes d'œufs,
- sel, poivre,
- 1 bol de lardons (facultatif),
- 1 bol de croûtons de pain (facultatif).

4 personnes

 30 min
 45 min

Menu

Soupe flamande au lait
•
Parmentier de jarret
de porc caramélisé
•
Tarte des demoiselles Tatin

Vin conseillé :
Anjou Gamay rouge

Soupe flamande au lait

1 Laver et éplucher les légumes, les couper en morceaux.
2 Les mettre dans un grand faitout avec l'eau et le lait, le sel et le poivre.
3 Faire bouillir en surveillant bien l'ébullition à cause du lait, de manière à ce que la soupe ne déborde pas.
4 Faire cuire à petits frémissements pendant 45 min environ.
5 Passer au moulin à légumes ou au mixeur.
6 Délayer les jaunes d'œufs dans un bol avec quelques cuillerées de soupe, puis incorporer le mélange dans le faitout.
7 Bien remuer pour permettre une bonne liaison.
8 Pour enrichir cette soupe, on peut y tremper des croûtons de pain ou y ajouter des lardons.

Soupe de légumes au lard

Ingrédients

- 3 pommes de terre,
- 3 carottes,
- 3 navets,
- 3 poireaux,
- 3 petits oignons,
- 1 gousse d'ail,
- 150 g de lard maigre,
- 100 g de crème fraîche,
- 30 g de beurre,
- 2 l de bouillon de volaille,
- sel, poivre,
- croûtons de pain rassis.

6 personnes

30 min   1 h 15

MENU

1 Éplucher et laver tous les légumes.

2 Les détailler en petits morceaux sauf les oignons qui seront coupés en fines rondelles.

3 Faire fondre dans une grande casserole la noix de beurre et y faire suer tous les légumes émincés environ 5 min.

4 Couper le lard en petits dés. Ajouter ces lardons aux légumes.

5 Laisser mijoter doucement une dizaine de minutes.

6 Faire chauffer le bouillon de volaille et quand il est brûlant, le verser sur les légumes.

7 Après une petite heure de cuisson à feu doux, saler légèrement (à cause du lard) et poivrer largement.

8 Frotter à l'ail la soupière de service préalablement chauffée.

9 Déposer en son fond quelques croûtons de pain rassis.

10 Recouvrir avec la crème fraîche et verser la soupe bouillante.

Ne pas remuer !

Soupe de légumes au lard
•
Gratin de haddock
•
Galette charentaise

Vin conseillé :
Jurançon

Soupe lutée terre-mer
(soupe des grands froids d'hiver)

Ingrédients

- 100 g de poireaux,
- 100 g de navets de pleine terre,
- 100 g de céleri-rave et céleri en branches,
- 100 g de carottes (dont on aura préalablement ôté les cœurs),
- 2 oignons,
- 2 échalotes,
- 1 gousse d'ail,
- 100 g de beurre,
- sel et poivre du moulin,
- 50 g d'andouille de Vire,
- 50 g de poitrine fumée,
- 50 g de saumon fumé,
- 50 g de thon frais,
- herbes fraîches (cerfeuil, persil, aneth),
- 3 l d'eau,
- 100 g de pâte à pain.

4 personnes

 30 min  1 h

Menu

Soupe lutée terre-mer
(soupe des grands froids d'hiver)
•
Poitrine de veau farcie
à l'oseille
•
Soufflé de mirabelle,
son coulis et sorbet

Vin conseillé :
Vin de Loire

1 Éplucher, laver et tailler en rondelles tous les légumes.
2 Dans une cocotte en fonte, faire suer au beurre sans colorer tous les légumes. Ajouter, taillés en petits dés, l'andouille, la poitrine fumée, le saumon et le thon.
3 Mouiller ensuite avec l'eau. Saler, poivrer.
4 Fermer hermétiquement le couvercle avec la pâte à pain.
5 Mettre à cuire 1 h au four à 180 °C.
Servir copieusement en assiette très creuse avec des petites peluches d'herbes fraîches.

Soupe à l'oseille

Ingrédients

- 400 g d'oseille,
- 1 poireau,
- 60 g de beurre,
- 2,5 l de bouillon gras
ou à défaut bouillon de légumes,
- 1,2 kg de pommes de terre,
- 25 cl de crème,
- sel et poivre.

4 personnes

30 min

1 h

1 Nettoyer l'oseille, retirer les queues.
2 Émincer le poireau et le laver. Éplucher, laver et couper en gros cubes les pommes de terre.
3 Dans un faitout, rissoler le poireau et l'oseille avec le beurre.
4 Faire mijoter 5 à 6 min. Ajouter le bouillon gras et les pommes de terre.

5 Assaisonner en fonction du bouillon.
6 Cuire 1 h à couvert. Mixer ou passer au moulin à légumes. Ajouter la crème et servir.

Menu

Soupe à l'oseille
•
Brouffade gardoise
•
Croustillant de pommes, jus de caramel

Vin conseillé:
Fitou

Soupe aux pois

Ingrédients

- 200 g de pois cassés,
- 100 g de lard fumé,
- 1 petite saucisse de Morteau,
- 1 oignon,
- 1 poireau,
- 4 gousses d'ail,
- 40 g de beurre,
- 25 cl de crème fraîche,
- sel, poivre.

8 personnes

 45 min
 1 h 15

Menu

Soupe aux pois
•
Minchie de morue
des pêcheurs portais
•
Glace à la gentiane

Vin conseillé :
Vin blanc de Savoie

1 La veille, faire tremper les pois dans l'eau froide. Émincer l'oignon, le poireau, faire suer avec le beurre dans un faitout.
2 Ajouter les pois bien rincés. Mouiller avec 2 l d'eau froide.
3 Ajouter le morceau de lard entier, la saucisse de Morteau et l'ail écrasé.

4 Cuire environ 1 h 15. Réserver le lard et la saucisse avant la fin de la cuisson. Mixer, vérifier l'assaisonnement.
5 Ajouter la crème. Servir dans une soupière avec des morceaux de lard et de saucisse de Morteau. Des petits croûtons dorés au beurre sont aussi les bienvenus.

Soupe
au potiron

Ingrédients

- 1,5 kg de potiron,
- 2 oignons,
- 2 blancs de poireau,
- 50 g de beurre,
- 50 cl de lait,
- 50 cl de bouillon,
- 1 cuillerée à soupe de crème fraîche,
- sel, poivre,
- 1 cuillerée à soupe de persil ou de cerfeuil haché.

6 personnes

 30 min

 30 min

1 Choisir un potiron bien mûr. Retirer l'écorce et les graines, couper les tranches de potiron en morceaux.

2 Faire revenir dans le beurre les oignons et les poireaux émincés.

3 Quand ils sont colorés, ajouter un verre d'eau et mettre les morceaux de potiron à cuire très doucement pour absorber l'humidité.

4 Au bout de 15 min, passer au moulin à légumes.

5 Ajouter le lait et le bouillon, saler, poivrer et faire cuire encore 15 min.

6 En fin de cuisson, mettre un bon morceau de beurre et une cuillerée à soupe de crème fraîche.

7 Parsemer de persil ou de cerfeuil haché avant de servir.

8 Vous pouvez aussi ajouter à la soupe une ou deux pommes cuites en purée pour l'épaissir.

Menu

Soupe au potiron
•
Canards sauvages aux cerises
•
Charlotte aux fruits rouges

Vin conseillé :
Julienas rouge

Tourin blanchi à l'ail

Ingrédients

- eau,
- ail,
- graisse d'oie,
- sel, gros poivre,
- 1 jaune d'œuf,
- vinaigre rouge,
- 3 à 4 blancs d'œufs.

8 personnes

 30 min
 15 min

Menu

Tourin blanchi à l'ail
•
Pintade d'automne au cidre
•
Tuiles à la farine de lentilles

**Vin conseillé :
Madiran**

1 Faire chauffer l'eau, saler.
2 Faire suer l'ail haché dans la graisse d'oie, puis ajouter une cuillerée de farine.
3 Verser le tout dans l'eau bouillante.
4 Faire bouillir et ajouter les blancs d'œufs.

5 Avant de servir, verser le mélange jaune d'œuf-vinaigre rouge et bien remuer.
6 Tailler du pain un peu dur. Servir très chaud.

Velouté de fanes de radis

Ingrédients

- 2 bottes de fanes de radis,
- 2 pommes de terre,
- 3 cuillerées à soupe de crème fraîche,
- sel, poivre,
- eau,
- 1 oignon.

4 personnes

10 min

20 min

1 Faire fondre l'oignon émincé avec les pommes de terre dans une noisette de beurre, ajouter les fanes de radis hachées.
2 Mouiller avec 75 cl d'eau ou de bouillon de volaille.
3 Faire cuire 20 min.
4 Mixer et ajouter la crème fraîche.
5 En plus des fanes de radis, ajouter une poignée de jeunes orties.
6 Le potage n'en sera que plus parfumé.

Menu

Velouté de fanes de radis
•
Poulet aux langoustines
•
Rigodon aux cerises

Vin conseillé :
Chinon rouge

Ingrédients

- 2 l de moules,
- 100 g de champignons de Paris,
- 2 poireaux,
- 1 verre de vin blanc,
- 1 échalote,
- 1 oignon,
- 2 cuillerées à soupe rases de farine,
- 40 g de beurre,
- 2 jaunes d'œufs,
- 2 cuillerées à soupe de crème fraîche,
- persil,
- sel, poivre.

Velouté aux moules

6 personnes

1 h · 45 min

Menu

Velouté aux moules
•
Filet d'agneau
aux légumes de saison
•
Gâteau nantais

Vin conseillé :
Margaux

1 Laver soigneusement les poireaux. Ne conserver que les blancs.

2 Couper ceux-ci le plus finement possible. Préparer les champignons : les nettoyer rapidement à l'eau et couper leur partie sableuse. En faire un hachis menu.

3 Gratter et laver les moules à grande eau.

4 Les jeter dans un faitout et les faire ouvrir avec un verre de vin blanc, l'oignon et l'échalote pelés, quelques brins de persil, à feu vif et pendant quelques minutes.

5 Ôter les moules de leurs coquilles en recueillant avec soin leur jus.

6 Filtrer celui-ci en le versant à travers une passoire très fine (par exemple un chinois).

7 Dans une grande casserole à fond épais, mélanger la farine et le beurre avec une spatule en bois.

8 Mouiller avec le jus de cuisson des moules (on aura jeté l'oignon, l'échalote et le bouquet de persil) et 1 l d'eau.

9 Ajouter au bouillon le hachis de champignons et de poireaux.

10 Saler très légèrement, mais poivrer généreusement.

11 Porter à ébullition.

12 Laisser cuire pendant 30 min, puis ajouter les moules qui doivent être à peine cuites pour rester tendres.

13 Ébouillanter la soupière de service. Lier la crème et les deux jaunes d'œufs.

14 Verser ce mélange dans la soupière et incorporer petit à petit le potage sans cesser de remuer. Servir ce délicieux velouté bien chaud.

Velouté de moules au poireau

Ingrédients

- 2 l de moules de bouchot nettoyées,
- 3 gros blancs de poireaux taillés en rondelles fines,
- 6 cuillerées à soupe rases de riz rond,
- 50 cl de lait,
- 1 verre (20 cl) de vin blanc,
- 3 cuillerées à soupe de crème fraîche,
- 1 petit bouquet de cerfeuil,
- 2 jaunes d'œufs,
- sel, poivre.

6 personnes

40 min

20 min

1 Jeter les moules dans une marmite.

2 Couvrir et les faire cuire sur feu vif en les secouant fréquemment jusqu'à ce qu'elles soient toutes ouvertes et se détachent facilement de la coquille.

3 Sitôt ce but atteint, les retirer du feu (sinon elles se racornissent) et les égoutter au-dessus d'une jatte pour en recueillir le jus.

4 Les décoquiller, les réserver. Préparer le velouté.

5 Verser le vin blanc et le lait dans une casserole.

6 Ajouter le jus des moules filtré et amener à ébullition sur feu vif.

7 Y jeter les blancs de poireaux et le riz rond. Remuer jusqu'à reprise de l'ébullition.

8 Réduire le feu et laisser cuire 20 min. Au moment de servir Mélanger les jaunes d'œufs avec la crème fraîche dans une soupière.

10 Ajouter les moules, puis verser doucement le velouté en remuant.

11 Poivrer généreusement, saler peu (le jus des moules l'étant déjà) et saupoudrer de cerfeuil ciselé. Servir en entrée avec des croûtons frits au beurre.

Menu

Velouté de moules au poireau
●
Épaule d'agneau aux haricots mi-secs
●
Poiré de Mamm-Gozh

Vin conseillé:
Corbières

plats

Bœuf bourguignon

Ingrédients

- 1,5 kg de macreuse de bœuf,
- 1 marinade,
- 150 g de poitrine de porc demi-sel,
- 15 petits oignons,
- 3 à 4 gousses d'ail,
- 1 cuillerée à soupe d'huile,
- 50 g de beurre,
- 1 cuillerée à soupe de fonds de viande,
- 70 g de beurre manié.

8 personnes

2 h   1 h 40
(+ temps de marinade)

Menu

Bigorneaux
en mini-bouchées
•
Bœuf bourguignon
•
Tarte aux raisins

Vin conseillé :
Montagne Saint-Émilion

1 Prendre un morceau de paleron (pièce de l'épaule de bœuf que l'on connaît aussi sous le nom de macreuse) de 1,5 kg environ ; le dégraisser et le découper en morceaux de 50 g environ.

2 Faire mariner pendant 12 h, la marinade devant recouvrir entièrement la viande.

3 Faire blanchir à partir d'eau froide (pour dessaler) 150 g de poitrine demi-sel coupée en petits cubes.

4 Faire revenir ceux-ci avec un peu de beurre et des petits oignons épluchés et blanchis.

5 Retirer le tout et réserver.

6 Placer dans le même récipient de cuisine les morceaux de viande bien égouttés.

7 Commencer à faire dorer, mais très vite ajouter le jus de la marinade et les éléments solides de celle-ci par fractions.

8 Lorsque la réduction de moitié est effectuée, ajouter trois ou quatre gousses d'ail écrasées et 1 cuillerée à soupe de concentré de tomates.

9 Laisser cuire à petit feu 1 h 30. Une demi-heure avant la fin de la cuisson, ajouter les lardons et les petits oignons.

10 Réserver la viande ; ajouter à la sauce 1 cuillerée à soupe de fond de viande et 70 g de beurre manié.

11 Porter à ébullition vite et très peu de temps.

12 Napper la viande avec cette sauce.

Brouffade gardoise

Ingrédients

● 6 tranches de bœuf
dans le rumsteak de 150 g chacune,
● 3 oignons
● 8 gousses d'ail,
● 3 clous de girofle,
● 1 feuille de laurier,
● 1 verre d'huile d'olive,
● 1 verre de vinaigre,
● 100 g de câpres,
● 6 filets d'anchois,
● 2 cuillerées de farine,
● sel et poivre.

6 personnes

30 min   2 h 30

1 La veille, placer les tranches de bœuf dans une terrine avec le laurier, les clous de girofle écrasés, trois gousses d'ail hachées.

2 Arroser avec l'huile et retourner l'ensemble de temps en temps.

3 Laisser mariner toute la nuit. Le lendemain, éplucher et couper les oignons en rondelles.

4 Émincer finement cinq gousses d'ail.

5 Retirer les tranches de bœuf de la marinade et, sans les essuyer, les mettre dans une cocotte en saupoudrant chaque tranche d'oignon, d'ail, de sel et de poivre.

6 Arroser avec le vinaigre.

7 Couvrir la cocotte d'un couvercle creux rempli d'eau qu'il faudra renouveler si elle s'évapore pendant la cuisson.

8 Placer la cocotte sur feu très doux, pendant 2 h.

9 Hacher les câpres. Délayer la farine dans un grand verre d'eau tiède.

10 Ouvrir la cocotte. Verser le verre de farine délayée et les câpres hachées.

11 Mélanger en basculant doucement la cocotte d'un côté et de l'autre.

12 Remettre à cuire pendant 30 min.

13 Dessaler rapidement les anchois sous un filet d'eau.

14 Les mettre dans un peu d'huile de la marinade.

15 Lorsque la cuisson est terminée, placer les tranches de bœuf sur un plat chauffé.

16 Napper de sauce et placer sur chaque tranche un filet d'anchois.

Menu

Saucisse de Morteau
en brioche
●
Brouffade gardoise
●
Clafoutis limousin

Vin conseillé :
Buzet rouge

Carbonade flamand

Ingrédients

- 1,250 kg de bœuf à braiser (basses-côtes, tranche ou paleron),
- 2 gros oignons,
- 50 g de saindoux,
- 1 cuillerée à soupe de cassonade,
- 1 bouquet garni (2 branches de thym, 1 feuille de laurier, 1 feuille de poireau),
- 50 cl de bière blonde,
- 2 cuillerées à soupe de moutarde forte,
- 1 cuillerée à soupe de vinaigre de vin,
- 1 tranche de pain d'épice,
- sel, poivre.

6 personnes

 30 min
 3 h

Menu

Salade à l'oignon frit
•
Carbonade flamande
•
Crème à l'orange

Vin conseillé :
Bière ou côtes du Jura

1 Dans une cocotte en fonte, faire revenir les tranches de viande dans la moitié du saindoux bien chaud.

2 Les retirer et jeter la matière grasse.

3 Faire blondir les oignons émincés dans le reste du saindoux pendant une dizaine de minutes, ajouter la cassonade et le vinaigre, puis remettre la viande avec le bouquet garni.

4 Saler, poivrer. Couvrir avec la bière.

5 Tartiner de moutarde les deux faces de la tranche de pain d'épice et la placer au centre de la cocotte.

6 Couvrir hermétiquement et laisser cuire à feu doux pendant 3 h.

Daube de bœuf

- 1,5 kg de jumeau et paleron de bœuf coupé en cubes,
- 250 g de petits lardons demi-sel,
- 250 g de couenne de porc fraîche coupée en petits morceaux,
- 150 g de jambon cru coupé en tranches,
- 8 carottes moyennes taillées en rondelles,
- 4 gros oignons émincés,
- 3 gousses d'ail hachées,
- 1 cuillerée à soupe de thym émietté,
- 1 feuille de laurier,
- 1 tablette de bouillon de bœuf,
- 1 fine lamelle d'écorce d'orange (8 cm),
- sel, poivre, farine, beurre.

Marinade :
- 1 bouteille de vin rosé d'Anjou ou cabernet de Saumur,
- 1 petit verre (5 cl) de cognac,
- 1 brin de thym,
- 1 feuille de laurier,
- 1 carotte coupée en rondelles,
- 1 oignon piqué de 2 clous de girofle.

6 à 8 personnes

30 min   3 h 30-4 h

(+ temps de marinade)

Préparer la marinade :

1 Mettre la viande dans une jatte, la saupoudrer de thym, sel et poivre.

2 Mélanger, puis ajouter les ingrédients de la marinade.

3 Mouiller avec le vin et le cognac. Laisser mariner 2 h.

Préparer la daube :

1 Préchauffer le four à 160 °C, y faire sécher l'écorce d'orange.

2 Blanchir 3 min les lardons et la couenne dans de l'eau bouillante ; les égoutter.

3 Sortir la viande de la marinade, l'essuyer au papier absorbant, la rouler dans de la farine.

4 Verser la marinade dans une casserole avec tout ce qu'elle contient.

5 Ajouter la tablette de bouillon de bœuf. Porter à ébullition puis laisser mijoter 25 min sur feu doux.

6 Chauffer une noix de beurre dans une poêle et y blondir les oignons émincés.

7 Tapisser le fond d'une daubière ou une terrine en terre avec les tranches de jambon cru, puis remplir avec des couches alternées de bœuf, de carottes et d'oignons, de lardons et de couenne.

8 Ajouter l'ail écrasé, le bouquet garni et la lamelle d'écorce d'orange.

9 Bien poivrer mais peu saler (la viande l'étant déjà).

10 Mouiller avec la marinade chaude et filtrée. Ce jus doit recouvrir la viande, sinon ajouter un peu d'eau. Poser le couvercle et le luter avec une petite pâte mollette faite de farine et d'eau.

11 Faire cuire 3 h 30 à 4 h dans le four.

12 Servir avec des pommes de terre vapeur.

Menu

Goyère
•
Daube de bœuf
•
Pain perdu

Vin conseillé :
Cabernet d'Anjou

Entrecôte au muscadet

Ingrédients

- 4 tranches d'entrecôte assez épaisses (ou 2 très épaisses),
- quelques brins de persil hachés,
- 1 petit bouquet de ciboulette hachée,
- 2 échalotes hachées,
- 1 grosse gousse d'ail hachée,
- 100 g de beurre demi-sel très mou,
- 1 verre de muscadet-sur-lie,
- sel, poivre,
- 1 sac de sarments de vigne.

4 personnes

 2 min

 6 min

Menu

Velouté aux moules
•
Entrecôte au muscadet
•
Glace à la gentiane

Vin conseillé :
Pauillac

1 Préparer un feu de sarments de vigne dans la cheminée ou le barbecue de manière à obtenir un bon lit de braises.

2 Malaxer le beurre avec les herbes, sel et poivre. Mettre le mélange à fondre dans un plat supportant la chaleur, posé sur le coin de la grille.

3 Lorsque le beurre est bien fondu et chaud, ajouter le muscadet et laisser chauffer sans bouillir.

4 Pendant ce temps, faire griller les tranches d'entrecôte 3 min de chaque côté sur les braises. Les saler, poivrer et les glisser dans la sauce du plat.

5 Servir de suite avec des pommes de terre vapeur ou des haricots verts.

6 Ce plat est encore, dans certaines exploitations, le repas de clôture des vendanges.

7 Le poids de la viande n'est pas compté mais doit satisfaire un vendangeur.

Filet de bœuf stroganof

Ingrédients

- 600 de bœuf dans le filet ou la tranche,
- 2 cuillerées à soupe d'huile,
- 6 échalotes,
- 3 noix de beurre,
- 5 cuillerées à soupe de crème fraîche,
- poivre en poudre,
- paprika en poudre.

4 personnes

 15-20 min  2 min

1 Découper 600 g de filet ou de tranche en lanières minces (1/2 cm de large et d'épaisseur) ; faire revenir dans une poêle contenant 10 cl d'huile très chaude pendant 1 min (juste le temps de colorer la viande) ; retirer la viande avec une écumoire et jeter l'huile.

2 Utiliser la même poêle pour y faire suer six échalotes hachées finement dans 3 noix de beurre pendant quelques minutes en les remuant avec une cuiller en bois ; ajouter 5 cuillerées à soupe de crème, du poivre en poudre, du paprika légèrement piquant en poudre également.

3 Faire bouillir un très court instant, placer dans la sauce la viande (avec son jus s'il s'en est dégagé après sa cuisson) mais juste le temps de la réchauffer : au-delà de cette limite, la viande risque de devenir élastique.

Menu

Omellette de la mère Poulard
•
Filet de bœuf stroganof
•
Crème brulée aux figues et au pain d'épice

Vin conseillé :
Saint-Émilion

Pièce de « salers » poêlée, sauce au bleu d'Auvergne

Ingrédients

- 2 belles entrecôtes (voire faux-filets) [prévoir plus épais quitte à trancher les pièces en deux],
- 25 cl d'eau,
- 1 demi-cube de bouillon de volaille,
- 25 cl de crème liquide,
- 1 trait de vinaigre de vin,
- 5 cl d'huile de noix,
- 50 g de saindoux,
- 35 g de bleu d'Auvergne.

4 personnes

10 min   5 min

Menu

Tourin blanchi à l'ail
•
Pièce de « salers » poêlée, sauce au bleu d'Auvergne
•
Milla

Vin conseillé :
Pauillac

1 Réaliser la sauce en versant dans une casserole, l'eau, le demi-cube de bouillon de volaille et la crème.
2 Laisser réduire de moitié. Ajouter alors le fromage, un trait de vinaigre de vin et tout en fouettant incorporer l'huile de noix.
3 Retirer la sauce du feu et mixer.
4 Couper en deux et assaisonner les entrecôtes.

5 Faire chauffer la poêle vivement et jeter dedans le saindoux qui convient à merveille pour dorer les pièces de viande.
6 Amener les grillades au point de cuisson voulu.
7 Dresser sur assiette et proposer la sauce en accompagnement.

Pot-au-feu des anciens

Ingrédients

● 500 g de gîte à la noix de bœuf ou de macreuse,
● 300 g de jarret de veau,
● 250 g de poitrine fumée,
● 1 queue de cochon,
● 800 g de plat-de-côtes,
● 1 ou plusieurs os à moelle,
● 4 poireaux épluchés, coupés en deux et ficelés,
● 6 carottes épluchées,
● 1 branche de céleri,
● 2 oignons piqués de 2 clous de girofle chacun,
● 4 gousses d'ail non épluchées,
● 1 branche de thym,
● 1 feuille de laurier,
● sel, poivre.

6 à 8 personnes

30 min   3 h

1 Mettre le gîte-noix et le plat-de-côtes dans une grande marmite. Couvrir largement d'eau froide, ajouter une bonne poignée de gros sel et laisser cuire 1 h à découvert sur feu moyen.

2 Ajouter ensuite le jarret de veau, la poitrine fumée et la queue de cochon.

3 Laisser cuire à nouveau 1 h sur feu doux en écumant de temps en temps.

4 Ajouter alors tous les légumes, ainsi que le thym et le laurier. Poivrer.

5 Saupoudrer les os à moelle de sel fin pour éviter que la moelle ne s'en échappe durant la cuisson et les plonger dans la marmite.

6 Faire cuire encore 45 min toujours sur feu doux.

7 Lorsque le pot-au-feu est cuit, disposer les légumes dans un légumier et les recouvrir de deux louches de bouillon.

8 Servir les viandes dans un plat creux, également arrosées d'une louche de bouillon.

Ce plat peut être accompagné de pommes de terre vapeur.

Menu

Cocktail de fruits de mer
●
Pot-au-feu des anciens
●
Tartare de fruits rouges au jus de groseille

Vin conseillé :
Côtes du Rhône

Ingrédients

- 4 beaux tournedos,
- 1 os à moelle de 7 à 8 cm fendu par le boucher,
- 4 fonds d'artichauts cuits (en boîte),
- 1 boîte de petits champignons de Paris entiers,
- 4 tranches de pain de mie rond,
- 4 échalotes grises finement hachées,
- 1 cuillerée à café d'estragon ciselé frais ou surgelé,
- 1 verre moyen (15 cl) d'armagnac (ou de cognac),
- 2 cuillerées à soupe de crème fraîche épaisse,
- environ 100 g de beurre,
- sel, poivre,
- huile.

4 personnes

 20 min
 15 min

Menu

Rémoulade de céleri, radis noir et Saint-Jacques au beurre de poivrons

•

Tournedos à la devinière

•

Tomates farcies de fruits rouges, crème de tomates et caramel

Vin conseillé : Pessac-Léognan

Tournedos à la devinière

1 Faire cuire et réduire les échalotes avec l'estragon et le vin 15 min sur feu doux.

2 Il doit en rester un demi-verre environ.

3 Rincer les fonds d'artichauts et les champignons sous l'eau chaude.

4 Couper les fonds d'artichauts en petits cubes.

5 Chauffer une petite noix (30 g) de beurre dans une poêle sur feu vif.

6 Y faire sauter les fonds d'artichauts et les champignons 5 min.

7 Saler, poivrer, ajouter la crème fraîche.

8 Laisser en attente sur feu très doux en remuant de temps en temps.

9 D'autre part, chauffer une noisette de beurre et deux cuillerées à soupe d'huile dans une poêle sur feu vif.

10 Lorsque le mélange est brûlant, y frire rapidement les tranches de pain de mie.

11 Ensuite les disposer sur un plat et maintenir au chaud dans le four très doux.

12 Faire chauffer à nouveau une noix de beurre dans la poêle et y cuire les tournedos, les saler, poivrer. Arroser d'armagnac et flamber.

13 Les retirer de la poêle et en garnir les tranches de pain.

14 Déglacer la poêle avec la réduction de vin aux échalotes.

15 Ajouter la moelle coupée en fines lamelles.

16 Laisser cuire 2 à 3 min. Saler, poivrer.

17 Napper les tournedos de cette sauce et les entourer des légumes : fonds d'artichauts, champignons. Servir immédiatement.

Carré d'agneau
à la narbonnaise

Ingrédients

- 1 carré d'agneau de 800 g,
- 12 petits oignons,
- 150 g de lardons de porc frais,
- 6 gousses d'ail,
- 200 g d'olives vertes dénoyautées,
- 1 verre de vin blanc sec,
- 3 cuillerées d'huile d'olive,
- 30 g de beurre,
- persil,
- sel, poivre.

4 personnes

 15 min
 30 min

1 Parer et ficeler en rôti le carré d'agneau raccourci.

2 Chauffer l'huile dans une cocotte en terre.

3 Faire dorer le carré de tous côtés. Dans une casserole, passer au beurre les petits oignons pendant 5 min, avec les lardons de porc frais, les gousses d'ail et les olives vertes.

4 Mettre l'ensemble autour du carré d'agneau. Saler et poivrer, ajouter le vin blanc.

5 Mettre à four préchauffé à chaleur moyenne (160 °C) pendant 20 min, en arrosant souvent.

6 Découper à la sortie du four. Dresser les côtelettes sur un plat chauffé, entourées de la garniture.

7 Parsemer le tout de persil haché et servir le jus de cuisson en saucière.

Menu

Velouté de moules
au poireau
●
Carré d'agneau
à la narbonnaise
●
Gâteau nantais

Vin conseillé :
Faugères rouge

Ingrédients

- 1 épaule d'agneau de 2 kg environ partiellement désossée,
- 1 cuillerée à café de thym émietté,
- 1 grosse gousse d'ail (ou 2 moyennes),
- 2 cuillerées à soupe d'huile de noix (ou d'arachide),
- 1 grosse noix (60 g) de beurre mou,
- 2 tomates coupées en morceaux.

Pour les haricots :
- 1,5 à 2 kg de haricots mi-secs écossés,
- 1 branche de céleri,
- 1 branchette de thym frais,
- 1 oignon épluché,
- 1 gousse d'ail pelée,
- 1 noix de beurre,
- sel, poivre.

6 personnes

 20 min
 40-45 min

Menu

Gougères
•
Épaule d'agneau
aux haricots mi-secs
•
Clafoutis aux cerises

Vin conseillé :
Buzet

Épaule d'agneau aux haricots mi-secs

Préparer l'épaule d'agneau :
1 Peler l'ail et l'écraser en purée. Le mélanger au beurre mou, thym, huile de noix, sel et poivre.
2 Tartiner entièrement la viande de cette crème.
3 Puis installer l'épaule dans un plat à four et répartir les morceaux de tomate autour.
4 Faire cuire 45 min dans le four préchauffé sur à 240 °C en la retournant à mi-cuisson.

Préparer les haricots :
1 Les mettre dans une casserole avec céleri, thym, oignon, ail, sel et poivre.
2 Les recouvrir largement d'eau et les faire bouillir 20 min sur feu moyen.
3 Les égoutter ensuite en réservant un verre de leur eau de cuisson.
4 Jeter le céleri et le thym. Faire fondre le beurre dans une casserole sur feu doux, y mettre les haricots avec le verre d'eau de cuisson.
5 Couvrir et faire mijoter 15 min.

Pour servir :
1 Découper l'épaule d'agneau, dresser les tranches sur un plat.
2 Verser les haricots dans le plat de cuisson de la viande et racler les sucs avec une spatule.
3 Servir en légumier ou en entourer la viande.
4 Accompagner d'une salade frisée bien assaisonnée d'une vinaigrette à la moutarde et à l'ail.
Les haricots mi-secs cuits de cette manière peuvent accompagner toutes sortes de viandes et même se servir tels quels (sans viande) avec une salade.

Petit conseil :
Remplacer l'agneau par du porc. Prendre un morceau dans la pointe, la palette ou l'échine, mais toujours avec os. La cuisson sera alors plus douce à 210 °C et plus longue de 1 h 15 à 1 h 30. N'ajouter les tomates qu'à mi-cuisson de la viande.

Étuvée d'agneau aux légumes de saison

Ingrédients

- 720 g d'épaule d'agneau sans os en morceaux de 40 g,
- 2 gros oignons,
- 4 gousses d'ail,
- 6 belles tomates,
- 3 cuillerées à soupe de persil plat haché,
- 1 pincée de thym,
- 1 feuille de laurier,
- 50 cl de vin blanc,
- 30 cl de crème liquide,
- sel, poivre.

4 personnes

 20 min
 1 h 15

1 Peler les tomates en les passant 1 min au cuit-vapeur.

2 Les épépiner, filtrer l'eau de végétation.

3 Mettre cette eau dans le bas du cuit-vapeur, ajouter les 50 cl de vin blanc, un bon litre d'eau et 30 cl de crème liquide.

4 Sur la grille du cuit-vapeur, disposer les morceaux d'agneau, les oignons coupés en quartiers, les gousses d'ail (germes enlevés), le persil haché, le thym, le laurier, le sel, le poivre et les tomates pelées et épépinées.

5 Cuire le tout à couvert 1 h 15 environ.

6 Mettre l'agneau et les légumes dans un plat creux et arroser le tout du jus de cuisson.

7 Surveiller la quantité de liquide pendant les trente dernières minutes de cuisson de la viande.

8 Au besoin, rajouter un peu d'eau.

Menu

Carpaccio de canard aux dés de foie blond et céleri vinaigrette au jus de truffe

•

Étuvé d'agneau aux légumes de saison

•

Galette charentaise

Vin conseillé : Château-neuf-du-pape

Ingrédients

- 1 selle d'agneau de 1,4 kg,
- 2 cl d'huile de pépins de raisins,
- 10 cl de jus d'agneau,
- 5 cl de beurre noisette,
- 7 cl d'huile d'argan,
- 1 petit fromage de chèvre très sec,
- 2 abricots secs,
- 8 dattes,
- 1 cuillerée à soupe de raisins de Corinthe,
- 100 g de boulgour,
- 1 cuillerée à café rase d'épices ras-el-hanout,
- sel, poivre.

4 personnes

 35 min
 5 min

Menu

Soupe luté terre-mer
(soupe des grands froids
d'hiver)

•

Filet d'agneau à l'huile
d'argan, râpée de chèvre
et fruits secs

•

Macarons des sœurs
Macarons

Vin conseillé :
Pomerol

Filet d'agneau de pays en croûte légère, jus au thym

Ingrédients

- 3 filets d'agneau pris dans la selle de préférence,
- 250 g d'un excellent feuilletage au beurre,
- 1 carotte,
- 1 oignon,
- 1 échalote,
- thym,
- bouquet garni,
- 2 gousses d'ail,
- sel, poivre,
- 1 œuf battu (dorure).

6 personnes

30 min

10 min

Menu

Marinade de Saint-Jacques au gingembre et citron vert
•
Filet d'agneau de pays en croûte légère, jus de thym
•
Far aux pruneaux

**Vin conseillé :
Bordeaux saint-estèphe ou gris de Toul**

1 Désosser les filets d'agneau. Les parer soigneusement.

2 Avec les os, la carotte, l'oignon, l'échalote et le bouquet garni, réaliser un jus. Aromatiser avec le thym.

3 Couper chaque filet en deux dans le sens de la longueur.

4 Les faire revenir dans une poêle, les saler, les poivrer et bien les égoutter sur un papier absorbant.

5 Abaisser la pâte feuilletée, envelopper chaque filet individuellement et dorer la pâte à l'aide d'un pinceau.

6 Cuire dans un four très chaud pendant 5 min.

7 Couper le filet en tranches régulières, le disposer en rosace dans chaque assiette.

8 Servir avec le jus au thym.

Gigot d'agneau aux fèves fraîches

Ingrédients

- 1 petit gigot d'agneau désossé,
- lard à piquer,
- 1 kg de fèves fraîches,
- 50 g de saindoux,
- 1 verre de vin blanc sec,
- sel, poivre.

6 personnes

30 min

1 h

Menu

Boudin noir
sur son lit de pommes
•
Gigot d'agneau
aux fèves fraîches
•
Gâteau glacé
aux noix sauce chocolat

Vin conseillé :
Touraine rouge

1 Le petit gigot doit être désossé, salé et poivré intérieurement, roulé et ficelé puis piqué de lardons.

2 Écosser les fèves fraîches et les éplucher pour retirer la peau de chacune.

3 Dans une cocotte, chauffer le saindoux et faire revenir le gigot, à feu moyen, de façon à ce qu'il soit bien doré de tous côtés, en le retournant souvent.

4 Verser alors le vin dans la cocotte, la couvrir et la mettre à four chaud préchauffé (240 °C) pendant 30 min.

5 Ce temps passé, ajouter les fèves autour du gigot, saler, poivrer, couvrir et cuire encore 30 min.

6 Pour servir, enlever le gigot, retirer les ficelles, le découper et placer les tranches sur un plat de service chauffé. Disposer les fèves tout autour.

7 Servir le jus de cuisson en saucière.

Gigot
à la brayaude

Ingrédients

- 1 gigot d'agneau de 1,5 à 1,8 kg,
- 1,5 kg de pommes de terre farineuses (bintje),
- 6 grosses gousses d'ail,
- 100 g de beurre,
- 1 l de lait entier et cru,
- sel, poivre,
- beurre.

6 à 8 personnes

35 min

45 min-1 h

1 Éplucher et laver les pommes de terre. Les tailler en tranches fines et, pour leur conserver tout leur moelleux, ne plus les laver.

2 Beurrer largement un grand plat en terre allant au four. Y ranger les pommes de terre.

3 Saler, poivrer, arroser de lait, parsemer de flocons de beurre.

4 Couvrir d'aluminium ménager et glisser le plat en position basse dans le four préchauffé à 240 °C.

5 Laisser cuire 25 min.

6 Pendant ce temps, préparer le gigot.

7 Couper les gousses d'ail en deux ou trois et en clouter entièrement le gigot.

8 Manier une noix (40 g) de beurre mou avec sel et poivre, en enduire la viande.

9 Poser le gigot sur la grille du four.

10 Retirer le papier d'aluminium qui recouvre les pommes de terre et glisser la grille garnie du gigot juste au dessus des pommes de terre.

11 En cuisant, celui-ci pleurera dans le plat, d'où « brayaude ».

12 Faire cuire 45 min à 1 h selon que l'on aime plus ou moins saignant.

Menu

Fonds d'artichaut
au chèvre chaud

•

Gigot à la brayaude

•

Gratin de pommes
amandine, caramel de cidre

Vin conseillé :
Morgon

Ingrédients

- 1 kg de pommes de terre,
- 1 gigot de 2 kg,
- 12 gousses d'ail,
- 50 cl de bouillon,
- graisse de canard ou saindoux.

Gigot pommes boulangères

10 personnes

1 h   1 h

Menu

Pommes de terre charlotte
croustillantes à la truite
fumée crème ciboulette
•
Gigot pommes boulangères
•
Fontimassous

1 Disposer d'un gigot de 2 kg environ ; le dégraisser autant que possible.

2 Éplucher et couper en rondelles assez épaisses 1 kg de pommes de terre qui « se tiennent ».

3 Placer un peu de graisse de canard (ou de saindoux) au fond d'un plat à gratin avec des bords élevés et disposer les rondelles de pomme de terre en couches superposées avec dix gousses d'ail «en chemise».

4 Verser 50 cl de bouillon et faire cuire pendant 15 min à four chaud (240 °C).

5 Placer ensuite la viande sur le dessus ; laisser cuire pendant 1 h à feu moyen (180 °C) en retournant le gigot à mi-cuisson.

94

Navarin d'agneau

Ingrédients

- 600 g de collier d'agneau,
- 600 g d'épaule d'agneau,
- 1 bouquet garni,
- 2 gousses d'ail,
- 500 g de tomates,
- bouillon,
- 200 g de navets,
- 200 g de carottes,
- 200 g de pommes de terre,
- 300 g de petits pois écossés.

6 personnes

1 Il existe deux versions de ce plat, selon l'accompagnement : printanier avec des légumes de saison, aux pommes avec pommes de terre seulement.

2 Disposer de 600 g de collier d'agneau (le véritable mot technique est en fait collet) et 600 g d'épaule, le tout coupé en morceaux de 80 g environ ; dégraisser le plus possible.

3 Faire dorer dans une cocotte la viande sur toutes ses faces ; préparer dans un récipient du bouillon avec bouquet garni, deux gousses d'ail épluchées et 500 g de tomates en morceaux ; verser ceci sur la viande de manière qu'elle soit recouverte d'eau.

4 Laisser cuire pendant 1 h, couvert, en écumant la graisse qui peut venir à la surface.

5 Ajouter carottes (200 g), navets (200 g) et pommes de terre (même quantité), le tout coupé en morceaux ; faire cuire pendant 30 min.

6 Les petits pois (frais) écossés sont cuits séparément dans de l'eau pendant 10 min et ajoutés au plat.

Menu

Petites sardines marinées aux aromates

•

Navarin d'agneau

•

Glace à la gentiane

Vin conseillé :
Bandol rouge

Souris d'agneau en trois heures de cidr

Ingrédients

- 4 souris d'agneau,
- 200 g d'os d'épaule d'agneau,
- 1 branche de céleri,
- 3 oignons,
- 3 échalotes,
- 1 tête d'ail,
- 5 cl d'huile d'olive,
- 3 tomates,
- 1 bouquet garni,
- 3 brins de romarin,
- 2 brins de sauge,
- 1 brin de basilic,
- 2 anis étoilés,
- 1 petit piment d'Espelette,
- 3 clous de girofle,
- 10 cl de vin blanc sec,
- 50 cl de cidre brut,
- 50 g de riz,
- sel et poivre du moulin.

4 personnes

 30 min
 3 h

Menu

Salade de homard
aux poivrons doux,
vinaigrette à la lavande

•

Souris d'agneau en trois
heures de cidre

•

Muscadettes aux pommes
et pruneaux caramélisés
à la cassonade

Vin conseillé :
Canon-Fronsac

1 Laver, éplucher le céleri, les oignons, les échalotes et l'ail, les tailler grossièrement.
2 Faire revenir à l'huile d'olive dans une sauteuse avec les os.
3 Dans une autre poêle, colorer les souris d'agneau à l'huile d'olive, les égoutter, puis les ajouter à la garniture avec l'intérieur des tomates, le bouquet garni, une demi-tête d'ail, le romarin, la sauge, le basilic, les clous de girofle, l'anis étoilé, le piment, et le demi-oignon coloré sur le feu.

4 Mouiller au vin blanc et cidre verser de l'eau à hauteur des trois quarts des souris d'agneau.
5 Assaisonner, ajouter le riz pou la liaison, mélanger doucement faire partir un bouillon, baisse le feu, couvrir et laisser mijoter et confire pendant 3 h.
6 Servir dans des assiettes très chaudes avec un cordon de jus passé au tamis et une belle salade de cresson ou de roquette.

Bäeckoffe

Ingrédients

- 500 g d'échine de porc,
- 500 g d'épaule de mouton désossée,
- 500 g de paleron ou de macreuse de bœuf,
- 250 g d'oignons hachés,
- 2 ou 3 blancs de poireaux,
- la moitié d'un céleri-rave découpé,
- 1 carotte en rondelles,
- pommes de terre de taille moyenne,
- thym,
- laurier et vin blanc sec.

6 à 8 personnes

30 min

1 h 15

(+ temps de marinade)

1 Pour faciliter le service sur table, il est préférable de couper à cru ces viandes en morceaux de taille moyenne.

2 La veille de la préparation, placer ces viandes découpées dans une marinade qui doit les recouvrir ; 250 g d'oignons hachés, le blanc de deux ou trois poireaux, la moitié d'un céleri-rave découpé, une carotte en rondelles, thym, laurier et vin blanc sec.

3 Le jour de la préparation, placer dans l'autocuiseur une couche de pommes de terre coupées en rondelles de taille moyenne, la viande de bœuf, des rondelles de pommes de terre, le mouton, des rondelles de pommes de terre, le porc et enfin des pommes de terre toujours découpées en rondelles.

4 Verser dessus la marinade qui doit recouvrir le tout, ainsi que les légumes de la marinade.

5 Laisser cuire à feu doux 1 h 15 au moins à partir de la mise sous pression.

Menu

Omelette au chaource
•
Bäeckoffe
•
Aumônières de pommes au calvados

Vin conseillé :
Pinot noir

Ingrédients

- 250 g de chair de porc dans le collier ou la gorge,
- crépine de porc,
- 1 kg de feuilles de blettes,
- 100 g de mie de pain,
- 2 jaunes d'œufs,
- 400 g de pommes de terre,
- 2 oignons,
- 2 échalotes,
- 1 carotte,
- laurier,
- thym,
- persil,
- clou de girofle,
- sel et poivre.

4 personnes

 1 h
 30 min

Menu

Soupe au chou
●
Fricandeaux aux blettes
●
Gâteau aux pommes

Vin conseillé :
Costières de Nîmes rouge

Fricandeaux aux blettes

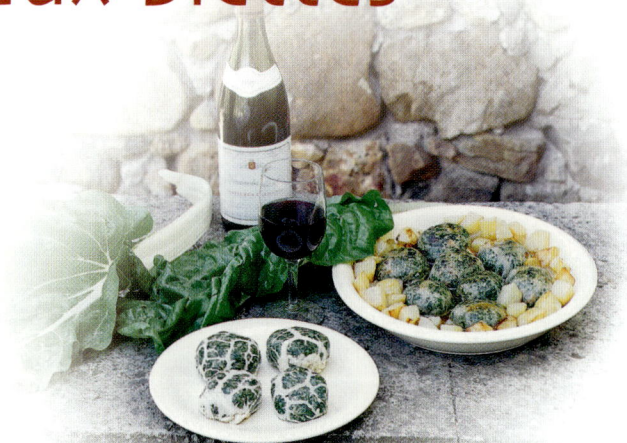

Une recette ancienne et traditionnelle dans de nombreuse régions : dans les Cévennes, la farce est souvent composée pou moitié de chair de porc, à laquelle on ajoute du cœur de bœu et du foie de porc ; dans la vallée du Rhône, seulement d'épi nards, de foie et de panne de porc, assaisonnée de thym e d'ail...

1 Éplucher les feuilles de blettes. Les faire cuire 10 min dans un faitout d'eau bouillante salée.

2 Les égoutter dans une passoire jusqu'à ce qu'elles soient tièdes.

3 Les presser entre les mains pour exprimer toute l'eau.

4 Les hacher. Couper la viande de porc en petits morceaux, les saler et poivrer, les hacher pour obtenir une « chair à saucisse ».

5 Imbiber d'eau tiède la mie de pain ; en exprimer l'excès d'humidité.

6 Hacher finement deux échalotes. Dans une terrine, mettre la chair, les blettes cuites, la mie de pain, les échalotes.

7 Mélanger le tout pour obtenir une farce bien homogène.

8 Goûter pour rectifier l'assaisonnement.

9 Diviser le hachis en morceaux de la grosseur d'un œuf.

10 Tremper la crépine dans de l'eau froide, l'étaler sur la table et la couper en carrés assez grands.

11 Poser les morceaux de hachis sur les carrés de crépine et les envelopper régulièrement et complètement.

12 Dans une casserole, verser 1,5 d'eau, mettre la carotte, 1 oignon piqué d'un clou de girofle, un bouquet garni, sel et poivre en grains

13 Couvrir, porter à ébullition et laisser frémir pendant 20 min.

14 Éplucher les pommes de terre et les couper en dés.

15 Émincer un oignon. Hacher le persil.

16 Dans une sauteuse, faire chauffer un peu d'huile et faire cuire l'oignon émincé sans le laisser colorer.

17 Ajouter les fricandeaux et les recouvrir « à fleur » de court-bouillon.

18 Laisser cuire 10 min à petite ébullition pour ne pas les faire éclater.

19 Ajouter les dés de pommes de terre et laisser cuire, à petite ébullition, pendant 20 min.

20 Retirer les fricandeaux, les placer au centre d'un plat creux et disposer les pommes de terre tout autour. Saupoudrer de persil haché.

21 Faire réduire le jus de cuisson, le verser sur le plat et servir avec un Costières de Nîmes rouge.

Jambonneau au cidre comme autrefois

Ingrédients

- 1 jambonneau frais de 1,5 kg,
- 1 kg de petits navets,
- 1 kg de petites carottes,
- 3 oignons,
- 30 g de beurre,
- 2 pincées de sucre en poudre,
- 2 pincées de cannelle,
- 1 pincée de muscade,
- 1 bouteille de cidre brut,
- sel et poivre du moulin.

6 personnes

30 min

1 h 30

1 Éplucher carottes, navets et oignons.

2 Peler et hacher les oignons.

3 Dans une cocotte, faire fondre une grosse noix de beurre.

4 Ajouter les oignons et remuer vivement avec une spatule en bois.

5 Puis tapisser le fond de la cocotte avec le reste des légumes.

6 Poser sur ce lit le jambonneau.

7 Saupoudrer de sucre, cannelle et muscade fraîchement râpée.

8 Saler, poivrer.

9 Arroser de cidre.

10 Couvrir la cocotte et mettre à cuire à four moyen.

11 En cours de cuisson, augmenter progressivement la chaleur du four jusqu'à 220 °C.

12 Compter une bonne heure et demie de cuisson.

13 Égoutter le jambonneau et le découper.

14 Présenter les morceaux dans un plat de service chaud, entourés des carottes et navets.

15 Gratter le fond de la cocotte et verser le jus de cuisson dans une saucière.

16 Servir sans attendre.

Menu

Velouté de moules
au poireau

•

Jambonneau au cidre
comme autrefois

•

Gauffres

Vin conseillé :
Vin d'Anjou

Ingrédients

- 12 joues de porc,
- 1 oignon,
- 1 carotte,
- 4 gousses d'ail,
- 40 cl de vin blanc,
- 2 poireaux,
- 150 g d'épeautre,
- 100 g de beurre,
- huile d'arachide,
- 1 petit bouquet de persil,
- 1 petite botte de ciboulette,
- 1 bouquet de cerfeuil.

6 personnes

 1 h
 1 h 40

Menu

Moules à la crème
•
Joue de porc braisée entière à l'épeautre
•
Gâteau nantais

Vin conseillé : Graves

Joue de porc braisé entière à l'épeautre

1 Dans une casserole d'eau bouillante salée, cuire l'épeautre pendant 10 min.
2 Laisser refroidir dans l'eau de cuisson, sinon les grains restent durs.
3 Dans une sauteuse, rissoler les joues de porc avec 50 g de beurre et trois cuillères à soupe d'huile d'arachide.
4 Assaisonner.
5 Lorsque les joues sont bien colorées, ajouter l'oignon émincé et la carotte coupée en petits cubes.
6 Faire blondir et mouiller avec le vin blanc et 20 cl d'eau.
7 Ajouter les gousses d'ail écrasées et un bouquet préparé avec des queues de persil et de cerfeuil.
8 Laisser mijoter 1 h 30.
9 Couper le poireau en rondelles, le laver et faire étuver dans une casserole avec 10 cl d'eau et 20 g de beurre.
10 Saler. Égoutter l'épeautre et rincer à l'eau courante.
11 Chauffer avec le restant du beurre et un peu d'eau.
12 Au centre des assiettes mettre une cuillère de poireau, l'épeautre en cordon autour, déposer les joues de porc dessus et napper de sauce.
13 Déposer sur chaque joue un bouquet d'herbes (cerfeuil, ciboulette, persil).
14 C'est un plat que l'on peut manger à la cuillère tellement la viande est moelleuse.

Parmentier de jarret de porc caramélisé

Ingrédients

- 2 jarrets de porc frais,
- 1 portion de purée de pommes de terre,
- 50 g de saindoux,
- 1 dl de vinaigre de vin,
- 100 g de miel de pays,
- 1 tête d'ail,
- 350 g d'oignons,
- 350 g de carottes,
- 50 g de lardons fumés,
- 1 l d'eau et 2 cubes de bouillon de volaille,
- 1 l d'eau et 2 cubes de jus de veau,
- 50 g de chapelure,
- sel et poivre du moulin.

6 personnes

30 min

3 h 15

Menu

1 Dans une cocotte allant au four, faire colorer les jarrets au saindoux sur leurs deux faces.

2 Assaisonner de sel et poivrer fortement.

3 Éplucher les oignons et les carottes et les couper en gros cubes. Éplucher les gousses d'ail.

4 Retirer les jarrets de la cocotte et les remplacer par la garniture de légumes, les lardons et l'ail.

5 Laisser fondre à couvert, à feu doux durant une quinzaine de minutes.

6 Déglacer au vinaigre et réduire à sec.

7 Ajouter le miel, enrober les légumes.

8 Remettre les jarrets dans la cocotte, ajouter l'eau, ainsi que les cubes de bouillon et fond de veau.

9 Enfourner à couvert pendant 3 h dans un four chaud (250 °C).

10 Confectionner la purée de pommes de terre et la couvrir d'un film alimentaire pour éviter qu'elle ne dessèche.

11 Lorsque la chair se décolle, le jarret est cuit, le désosser une fois légèrement refroidi, avec vos doigts.

12 Couper la chair en petits morceaux dans une casserole.

13 Filtrer le jus et le laisser réduire jusqu'à consistance sirupeuse. Rectifier l'assaisonnement.

14 Arroser la viande avec ce jus jusqu'à ce qu'elle soit largement enrobée.

15 Enfermer cette préparation entre deux couches de purée dans un plat à gratin.

16 Parsemer de chapelure sur le dessus.

17 Enfourner une quinzaine de minutes à 250 °C.

18 Une légère coloration apparaît, c'est prêt. Servir le jus restant en accompagnement.

Salade d'andouillette de chablis aux beursaudes

●

Parmentier de jarret de porc caramélisé

●

Crème caramel de Guenola

Vin conseillé :
Côtes de Bourg

Ingrédients

- 1 kg de poitrine demi-sel ou petit salé,
- 300 g de saucisson à l'ail,
- 6 tranches (500 g) de poitrine fumée,
- 500 g de lentilles,
- 1 oignon,
- 1 gousse d'ail,
- 3 carottes coupées en quatre,
- 1 bouquet garni (thym, laurier, persil),
- sel, poivre.

6 personnes

 5 min

 1 h 30-2 h

Menu

Palourdes farcies
•
Petit salé aux lentilles
•
Gargouilleau

Vin conseillé :
Saumur champigny

Petit salé aux lentilles

1 D'abord, faire cuire 30 min le petit salé dans une grande quantité d'eau bouillante avec le bouquet garni.

2 Éteindre le feu, ajouter la poitrine fumée et le saucisson à l'ail. Laisser en attente.

3 D'autre part, mettre les lentilles à l'eau froide, amener à ébullition, laisser bouillir 5 min, les égoutter.

4 Les remettre dans la casserole avec les carottes, la gousse d'ail non épluchée et l'oignon.

5 Recouvrir avec le bouillon du petit salé.

6 Saler (attention, les viandes le sont déjà), poivrer et faire cuire doucement 1 h à 1 h 30 en rajoutant de temps en temps un peu de bouillon.

7 Avant de servir, réchauffer et terminer la cuisson des viandes 15 à 20 min. Verser les lentilles dans un plat creux et les recouvrir de petit salé et poitrine fumée coupés en tranches, ainsi que le saucisson à l'ail.

Pieds de porc à la Sainte-Menehould

Ingrédients

- 6 pieds de porc,
- 2 verres de vin blanc,
- 1 oignon,
- 2 carottes,
- 2 échalotes,
- 1 gousse d'ail,
- 1 bouquet garni,
- 2 clous de girofle,
- 1 cuillerée à soupe de gros sel,
- 8 à 10 grains de poivre,
- 4 œufs,
- 80 g de chapelure,
- 100 g de beurre,
- sel, poivre.

6 personnes

30 min

4 h

Menu

Salade à la chalutière
•
Pieds de porc
à la Sainte-Menehould
•
Pommes cuites au cidre

Vin conseillé :
Saint-Chinian

1 Nettoyer les pieds de porc.

2 Les couper en deux dans le sens de la longueur, puis réunir les deux moitiés et les ficeler ou les attacher avec des bandelettes pour qu'ils ne se défassent pas pendant la cuisson.

3 Les mettre dans une grande marmite avec le vin blanc, les légumes coupés en rondelles, le bouquet garni, les clous de girofle, le sel et le poivre.

4 Ajouter suffisamment d'eau froide pour que les pieds soient recouverts.

5 Amener à ébullition, puis laisser cuire doucement, à petit feu, pendant 4 h.

6 Laisser les pieds refroidir dans leur cuisson, puis ôter les bandelettes ou les ficelles.

7 Égoutter bien les pieds, puis les passer successivement dans les œufs battus et dans la chapelure.

8 Faire fondre le beurre.

9 Mettre les pieds de porc sur le gril, les arroser de beurre fondu et faire griller doucement.

10 Les retourner quand ils sont bien dorés sur un côté.
Servir avec de la moutarde.

Potée morvandelle

Ingrédients

- 300 g de travers de porc demi-sel,
- 300 g de palette de porc demi-sel,
- 1 jambonneau demi-sel,
- 1 queue de cochon (facultatif),
- 300 g de lard salé,
- 2 saucisses fumées
(ou de Morteau),
- 1 chou vert,
- 6 carottes,
- 6 navets,
- 2 gros poireaux,
- 12 pommes de terre nouvelles,
- 500 g de haricots verts,
- 1 oignon piqué de clous de girofle,
- 1 bouquet garni
(persil, thym, laurier),
- quelques grains de poivre noir.

6 à 8 personnes

30 min

1 h 30

Menu

Salade de pétoncles
●
Potée morvandelle
●
Mousse au chocolat

Vin conseillé :
Gigondas

1 Dans une marmite, mettre le jambonneau, la queue de cochon, l'oignon piqué, le bouquet garni, le lard et quelques grains de poivre noir.
2 Porter à ébullition et laisser cuire pendant 1 h. Ajouter ensuite le travers et la palette.
3 Recuire 1 h et enfin ajouter les carottes et les navets épluchés et entiers, le chou et les poireaux coupés en deux.
4 Faire cuire 1 h à feu doux et à couvert.

5 Ajouter enfin les saucisses coupées en deux, les pommes de terre entières et les haricots verts.
6 Laisser sur le feu jusqu'à ce que les pommes de terre soient cuites. Saler et poivrer en fin de cuisson si nécessaire.
7 Pour servir, enlever la viande et les légumes de la marmite et les disposer sur un plat en les arrosant largement du jus de cuisson.
8 Si vous le désirez, il est possible d'accompagner cette potée de tranches de pain grillé.

Rôti de porc
à la bretonne

Ingrédients

- 1 kg de porc dans l'échine ou la palette avec os,
- 3 cuillerées à soupe de moutarde,
- 3 cuillerées à soupe d'huile,
- 6 grosses gousses d'ail,
- 1 kg de pommes de terre,
- 150 g de beurre demi-sel,
- sel, poivre.

4 personnes

 20 min
 1 h 15

1 Préchauffer le four à 240 °C.
2 Éplucher une gousse d'ail et en frotter les os du rôti.
3 Enduire tout le rôti de moutarde. Le poser dans un grand plat à four en terre.
4 Saler, poivrer, l'arroser d'huile et l'entourer des gousses d'ail non épluchées.
5 Poser dessus le beurre en petit morceaux et mettre 15 min au four.

6 Éplucher les pommes de terre, les laisser entières si elles sont petites.
7 Les essuyer dans un torchon et les répartir autour du rôti.
8 Baisser le four à 200 °C et laisser cuire 1 h en arrosant de temps en temps avec le jus du plat.
9 Retourner le rôti une fois en cours de cuisson.

Menu

Velouté aux moules
•
Rôti de porc à la bretonne
•
Tarte aux pommes rustique

Vin conseillé :
Cahors

Ingrédients

- environ 1,5 kg de veau dans l'épaule,
- sel,
- bouquet garni,
- 2 oignons,
- 1 gousse d'ail,
- 200 g de champignons blancs entiers,
- 200 g de petits oignons,
- 50 g de crème fraîche,
- 4 jaunes d'œufs,
- muscade,
- persil haché.

4 personnes

20 min

1 h

Menu

Crème glacée de concombre
à la menthe
●
Blanquette de veau
●
Tarte au chocolat

Vin conseillé :
Sancerre rouge

Blanquette de veau

1 Bien choisir le morceau de veau qui sera utilisé. Pour 4 personnes, prévoir environ 1,5 kg de viande dans l'épaule (certains prévoient un mélange d'épaule, de flanchet et de hauts de côte, mais la préférence va à l'épaule).

2 Couper en morceaux de 60 à 70 g ; placer dans une casserole avec de l'eau légèrement salée.

3 Porter à ébullition et laisser bouillir quelques minutes, écumer, rafraîchir avec de l'eau froide et égoutter.

4 Remettre la viande dans une casserole la contenant juste ; couvrir de bouillon blanc avec bouquet garni, deux oignons, une gousse d'ail « en chemise » (c'est-à-dire non épluchée).

5 Bien couvrir ; porter à ébullition et laisser cuire avec frémissements pendant 40 min.

6 Faire étuver 200 g de champignons blancs entiers ; garder le jus de cette cuisson.

7 Faire blanchir 200 g de petits oignons (« grelots ») ; prendre dans la casserole ayant servi à la cuisson de la viande 2 louches du jus passé au chinois ; mélanger au jus de cuisson des champignons et à 50 g de crème fraîche ; faire réduire et ajouter 3 ou 4 louches du jus de la viande également passé au chinois.

8 Battre quatre jaunes d'œufs avec 4 cuillerées à soupe de crème ; ajouter un peu de muscade ; verser le tout cuillerée par cuillerée dans la sauce ; y ajouter les champignons, les oignons, le jus d'un citron.

9 Chauffer en évitant toute ébullition ; y placer les morceaux de viande. Verser le tout dans le plat de service et saupoudrer de persil haché.

Cannellonis de veau aux petits légumes, vapeur d'herbes aromatiques

Ingrédients

- 4 escalopes de veau de 140 g environ,
- 150 g de blanc de volaille,
- 1/2 carotte,
- 1/4 céleri,
- 15 cl de crème liquide,
- 1 cuillerée à café de paprika,
- œuf,
- 1 cuillerée à soupe de ciboulette + 10 brins,
- 10 feuilles de basilic,
- 1 feuille de laurier,
- 1 brindille de thym,
- sel, poivre,
- 25 cl de fond de volaille ou bouillon,
- 15 g de beurre.

4 personnes

 1 h
 10-12 min

1 Éplucher, laver les légumes. Les couper en petits cubes.

2 Découper le blanc de volaille, assaisonner, mixer quelques minutes.

3 Incorporer l'œuf, 5 cl de crème et mixer l'ensemble pour obtenir une pâte homogène.

4 Blanchir dans l'eau froide les cubes de légumes (porter à ébullition 3 min, égoutter et rafraîchir à l'eau froide).

5 Les légumes doivent être croquants. Hacher la ciboulette, l'incorporer à la farce.

6 Aplatir légèrement les escalopes de veau, assaisonner.

7 Déposer une cuillerée à soupe de farce et rouler les escalopes.

8 Les envelopper dans le papier film en serrant bien les extrémités.

9 Mettre le cuit-vapeur à chauffer avec l'eau et les herbes aromatiques.

10 Cuire les cannellonis pendant 10 à 12 min dans la partie haute.

11 Délayer le fond de volaille, le porter à ébullition, ajouter le paprika et laisser cuire quelques minutes.

12 Incorporer la crème et laisser réduire jusqu'à ce que la crème nappe la cuillère et ajouter du beurre en petites parcelles en mélangeant.

13 Répartir de la sauce dans le fond de l'assiette, placer le cannelloni coupé en biais, saupoudrer de paprika.

Menu

Saucisse de Morteau en brioche
•
Brouffade gardoise
•
Couronne de pomme du château de Vendeuvre

Vin conseillé :
Côtes de Provence rouge

Côtes de veau
à la vapeur de cidre

Ingrédients

- 4 côtes de veau de 180 à 200 g,
- 4 pommes reinettes,
- 1 bouteille de cidre brut,
- 30 cl de crème épaisse,
- 2 jaunes d'œufs,
- 10 cl de pommeau,
- sel, poivre.

4 personnes

 30 min
 10-12 min

Menu

Ratatouille de crustacés

•

Côtes de veau
à la vapeur de cidre

•

Far aux pruneaux

Vin conseillé :
Beaujolais nouveau

1 Peler et épépiner les pommes reinettes. Les couper en deux.

2 Mettre le cidre dans le bas du cuit-vapeur, faire bouillir. Saler et poivrer les côtes, les disposer sur la grille du cuit-vapeur, les cuire 10 à 12 min suivant l'épaisseur.

3 Au bout de 4 à 5 min, ajouter les pommes. Maintenir au chaud, couvercle entrouvert.

4 Pour la sauce, mettre les trois quarts du cidre de cuisson dans une casserole, ajouter le pommeau, faire bouillir et adjoindre le mélange crème/jaune d'œuf.

5 Saler, poivrer et ne plus faire bouillir.

6 Dresser les côtes et les napper de sauce.

Matelote des tonneliers

Ingrédients

- 1 à 1,2 kg de tendron de veau coupé en morceaux,
- 12 échalotes pelées,
- 4 carottes coupées en grosses rondelles,
- 1 bouquet garni,
- 1 verre (20 cl) de vin de Bourgueil,
- 1 croûton de pain (7 cm de baguette) frotté d'ail,
- sel, poivre,
- beurre.

4 personnes

15 min

1 h 30

1 Chauffer une grosse noix (50 g) de beurre dans une cocotte sur feu moyen et y faire blondir les morceaux de viande.

2 Ajouter les échalotes et les carottes.

3 Faire dorer le tout encore quelques minutes, puis ajouter le croûton de pain, le bouquet garni et mouiller avec le vin.

4 Saler, poivrer, couvrir et laisser mijoter 1 h 30 sur feu doux.

5 Le pain se sera délité dans la sauce et l'aura liée.

6 Servir avec des pommes de terre vapeur.

7 Ce plat, que cuisinaient dans le temps les tonneliers pendant qu'ils réparaient les tonneaux, était, paraît-il, un régal pour eux.

Menu

Soupe de légumes au lard
•
Matelote des tonneliers
•
Salade de fruits à la normande

Vin conseillé :
Bourgueil

Ingrédients

- 1 tranche de jarret de veau par personne,
- 3 cuillerées à soupe d'huile d'olive,
- 4 ou 5 navets,
- 5 ou 6 carottes,
- la moitié d'un céleri-rave,
- 3 ou 4 gros oignons,
- 2 gousses d'ail,
- 50 g de beurre,
- 10 cl de vin blanc sec,
- 1 petite boîte de concentré de tomates,
- 1 bouquet garni,
- 1 orange,
- 1 citron.

6 personnes

1 h 15

50 min

Menu

Gratin d'asperges
•
Osso buco
•
Tarte normande du père Gaston

Vin conseillé :
Chianti

Osso buco

1 La recette est assez longue à préparer. Choisir une sauteuse assez large pour contenir à plat les tranches de jarret.

2 Prendre une tranche de jarret de veau par personne, assez épaisse.

3 Attention : bien vérifier que l'os n'est pas vide, la moelle qu'il doit contenir contribue au succès du plat. Les faire revenir dans de l'huile très chaude jusqu'à ce qu'elles soient dorées des deux côtés ; les enlever et les réserver.

4 Couper en julienne quatre ou cinq navets, cinq ou six carottes, 1/2 céleri-rave, trois ou quatre gros oignons, deux gousses d'ail.

5 Ajouter 40 à 50 g de beurre. Faire revenir à feu assez vif en remuant le tout avec une cuillère en bois pour que rien n'attache.

6 Verser 20 cl de vin blanc sec, une petite boîte de concentré de tomates, 3 ou 4 cuillerées à soupe de fond de veau, un bouquet garni.

7 Porter à ébullition en remuant bien.

8 Replacer les tranches de jarret et laisser cuire à feu doux, couvert, pendant 1 h au moins.

9 Couper en julienne quelques zestes d'orange et de citron ; faire blanchir jusqu'à ce qu'ils s'amollissent ; égoutter et ajouter en fin de cuisson dans la sauteuse.

Pièce de veau confite aux petits oignons, jus de carottes et huile d'olive

Ingrédients

- 1,5 kg de joues de veau parées,
- 80 g de beurre,
- 3 bottes de carottes fanes,
- 3 bottes d'oignons fanes,
- 1 jus de citron,
- 80 g d'échalotes hachées,
- 10 cl d'huile d'olive,
- cumin,
- 1 pincée de sucre,
- 1/2 botte de persil plat,
- sel, poivre.

6 personnes

45 min

2 h

Menu

1 Dans une cocotte, bien colorer les joues de veau assaisonnées avec sel et poivre, dans 50 g de beurre.
2 Mouiller à hauteur avec de l'eau. Cuire doucement à couvert pendant 2 h.
3 Éplucher les carottes et les oignons.
4 Cuire à l'eau la moitié des carottes. Les égoutter et les mixer pour en faire une purée.
5 Passer l'autre moitié des carottes à la centrifugeuse.
6 Mélanger le jus obtenu à la purée.
7 Ajouter les échalotes hachées, un peu de jus de citron.
8 Vérifier l'assaisonnement et réserver au chaud.

9 Décanter les joues de veau. Passer le jus et le faire réduire à glace.
10 Ajouter une pincée de cumin.
11 Ajouter les joues de veau au jus réduit pour bien les enrober.
12 Colorer les oignons au beurre. Assaisonner et sucrer. Mouiller avec un peu d'eau.
13 Laisser cuire jusqu'à évaporation.
14 Dresser sur assiettes un cordon de jus de carottes, les joues de veau, les petits oignons, un trait d'huile d'olive et parsemer de pluches de persil.
On peut remplacer les joues de veau par du jarret.

Salade d'andouillette de chablis aux beursaudes
•
Pièce de veau confite aux petits oignons, jus de carottes
•
Caillebottes

Vin conseillé : Chinon

Ingrédients

- 1,2 kg de poitrine de veau avec os,
- 1 verre (20 cl) de vin blanc sec,
- 2 grosses tomates,
- 2 oignons,
- 500 g de châtaignes précuites,
- 1 cuillerée à soupe de saindoux ou 50 g de beurre,
- sel, poivre.

Farce :

- 250 g de chair à saucisse,
- 100 g de jambon cru finement haché au couteau,
- 2 gousses d'ail hachées,
- 2 cuillerées à soupe de persil haché,
- 1 bonne pincée de noix de muscade râpée,
- 1 cuillerée à café de thym émietté
- 2 œufs.

4 à 6 personnes

15 min

1 h 30

Poitrine de veau farcie

1 Demander au boucher de pratiquer une poche dans la poitrine de veau.

2 Pour préparer la farce, mélanger dans une jatte la chair à saucisse avec le jambon cru, l'ail, le persil, le thym et la noix de muscade.

3 Saler, poivrer, lier le tout avec les œufs.

4 Remplir la poche de cette farce et coudre l'ouverture avec du gros fil.

5 Installer la poitrine farcie dans un grand plat à four, en terre de préférence, et la tartiner de saindoux ou de beurre très mou.

6 L'entourer des tomates et des oignons coupés en quatre. La faire rôtir 20 min dans le four préchauffé au maximum.

7 Réduire ensuite la température à 180 °C.

8 Arroser la viande avec le vin blanc et répartir les châtaignes dans le fond du plat.

9 Saler, poivrer, faire cuire encore 1 h en arrosant de temps en temps.

10 Servir la poitrine de veau farcie coupée en tranches et accompagnée de ses légumes, ainsi que d'une purée de pommes de terre.

11 Ce plat est également délicieux servi froid. Dans ce cas, supprimer les châtaignes.

Poitrine de veau farcie à l'oseille

Ingrédients

- 1,5 kg de poitrine de veau désossée,
- 2 bardes de lard,
- 2 carottes,
- 2 oignons,
- 1 citron,
- 1 bouquet garni,
- 25 cl de bouillon,
- 2 verres de vin blanc sec,
- sel, poivre en grains.

Farce :

- 1 kg d'oseille fraîche cueillie,
- 20 g de beurre,
- 20 g de saindoux,
- 2 gousses d'ail,
- 2 échalotes,
- 4 œufs,
- 1 verre de crème fraîche,
- sel, poivre.

6 personnes

45 min   2 h

1 Faire désosser la poitrine de veau et l'ouvrir dans le sens de l'épaisseur, sans fendre les côtés, de façon à créer une poche.

2 Préparer la farce maigre à l'oseille.

3 Éplucher et laver soigneusement l'oseille.

4 La jeter dans un grand faitout d'eau bouillante salée.

5 Donner un bouillon et verser l'oseille dans une passoire.

6 L'arroser aussitôt d'eau fraîche et l'égoutter parfaitement en la pressant fortement avec la main, en la prenant par petites poignées.

7 Dans une grande poêle, chauffer ensemble le beurre et le saindoux pour y faire blondir l'ail et l'échalote finement hachés.

8 Mettre l'oseille bien égouttée, baisser le feu et remuer à la spatule pour qu'elle s'imprègne bien de la matière grasse. Retirer du feu et verser l'oseille dans une terrine.

9 Casser les œufs un par un et les mélanger à l'oseille en brassant à la fourchette. Ajouter la crème fraîche. Saler et poivrer.

10 Garnir la poitrine avec cette farce et coudre le côté béant. Une fois farcie, la poitrine doit ressembler à un petit coussin.

11 Prendre une cocotte et tapisser le fond de bardes de lard. Mettre la poitrine dessus et recouvrir avec les autres bardes.

12 Ajouter les carottes coupées en grosses rondelles, les oignons en rondelles, le bouquet garni, sel et poivre en grains.

13 Mouiller avec le vin blanc et le bouillon. Couvrir la cocotte et faire cuire à petit feu pendant 2 h en retournant la poitrine à mi-cuisson.

14 Pour servir, retirer la poitrine farcie de la cocotte.

15 Passer la sauce au chinois, lui ajouter le jus d'un citron et la verser dans une saucière chauffée.

16 Retirer le fil de la couture et couper la poitrine en tranches épaisses.

On peut aussi la servir froide.

Menu

Maquereaux marinés
« à la cornouaillaise »
•
Poitrine de veau
farcie à l'oseille
•
Tarte « à l'pronée »

Vin conseillé :
Anjou-Gamay

Sauté de veau
à la champenoise

Ingrédients

- 1 kg d'épaule de veau,
- 50 cl de champagne
ou de vin blanc de Champagne,
- 1 bon verre de fond de veau,
- 1 bouquet garni,
- 15 oignons grelots,
- 1 gros oignon piqué
d'un clou de girofle,
- 2 gousses d'ail,
- 150 g de champignons de Paris,
- 2 cuillerées à soupe de farine,
- 2 cuillerées à soupe d'huile,
- sel, poivre,
- 20 g de beurre,
- 3 cl de marc de champagne
(facultatif).

6 à 8 personnes

25 min   1 h 15

Menu

Petites crevettes au cidre
●
Sauté de veau
à la champenoise
●
Tarte des demoiselles Tatin

Vin conseillé :
Vin blanc de Champagne

1 Couper l'épaule de veau en cubes. Faire revenir les morceaux dans une cocotte à fond épais avec l'huile.
2 Quand ils sont dorés de tous les côtés, saupoudrer de farine, ajouter l'oignon coupé en quatre et remuer à la spatule.
3 Laisser encore rissoler quelques minutes, puis mouiller avec le fond de veau et le vin.
4 Ajouter l'ail pilé, le bouquet garni, le sel et le poivre et faire cuire à couvert et à feu doux pendant 1 h 15 environ.

5 Éplucher les oignons grelots et les champignons. Les faire revenir à la poêle dans un peu de beurre et les ajouter à la viande 20 min avant la fin de la cuisson.
6 Vous pouvez faire flamber un peu de marc de champagne dans la cocotte, juste avant de mouiller la viande avec le vin et le fond de veau.

Sauté de veau marengo

Ingrédients

● 1 kg d'épaule
ou de tendron de veau,
● 3 cuillerées à soupe d'huile d'olive,
● 3 oignons,
● 2 échalotes,
● 1 carotte,
● 20 cl de vin blanc sec,
● 6 tomates,
● 2 gousses d'ail,
● 1 bouquet garni,
● 2 cuillerées à soupe
de crème fraîche.

6 personnes

1 h   1 h

1 Découper 1 kg de viande de veau en morceaux de 50 g environ ; choisir de l'épaule de préférence et des tendrons (ce morceau est situé dans la partie inférieure de la bête).

2 Les placer dans une casserole très large (en terme technique une sauteuse) à bords peu élevés où l'on a fait chauffer de l'huile ; les faire revenir pendant 6 à 7 min jusqu'au moment où ils seront dorés ; pour les retourner, surtout ne pas les piquer avec une fourchette (le but recherché est de bien maintenir le suc de la viande à l'intérieur, ce qui est précisément obtenu par une caramélisation rapide empêchant l'écoulement du sang et des sucs).

3 Dès coloration, ajouter trois oignons émincés, deux échalotes hachées, une carotte coupée en petits dés.

4 Après quelques minutes, ajouter 20 cl de vin blanc sec en deux fois, puis six tomates épépinées et coupées grossièrement, 3 à 4 cuillerées à soupe de fond de sauce, 20 cl de bouillon, deux gousses d'ail et un bouquet garni.

5 Laisser cuire 30 à 35 min à feu moyen non couvert.

6 Saisir la viande et la réserver au chaud (dans un plat couvert).

7 Écraser dans la sauteuse les éléments restants, enlever le bouquet garni, ajouter 2 cuillerées à soupe de crème et vérifier alors l'assaisonnement (car celui-ci, dans son état naturel, est très variable selon la nature des sucs produits par tous les éléments constitutifs de cette recette).

8 Verser la sauce sur la viande. La légende dit que l'accompagnement consistait en œufs frits, écrevisses et croûtons (ce qui suppose que le cuisinier de Bonaparte disposait à la fois de produits et de temps...). Certains ajoutent des champignons à la sauce.

Menu

**Tourte aux œufs
du val de Sèvre**
●
Sauté de veau marengo
●
**Salade d'oranges aux fleurs
d'oranger et jasmin**

**Vin conseillé :
Côtes de Blaye**

Ingrédients

- 1 tête de veau,
- 2 carottes,
- 1 oignon piqué de clous de girofle,
- 1 tête d'ail,
- 1 poireau,
- 1 bouquet garni,
- 2 dl de vin blanc,
- 1 queue de veau
ou 1 pied de veau,
- quelques grains
de poivre noir et de genièvre,
- 10 g de gros sel
par litre de mouillement.

Sauce gribiche :
- 1 grosse cuillerée de moutarde,
- 2 jaunes d'œufs,
- 40 cl d'huile,
- 2 cl de vinaigre de vin,
- 2 œufs durs,
- 40 g de cornichons,
- 20 g de câpres,
- 20 g de persil haché,
- cerfeuil et estragon hachés,
- sel et poivre.

6 à 8 personnes

1 h

3-4 h

Menu

Petites sardines marinées aux aromates
●
Tête de veau sauce gribiche
●
Tarte aux pommes rustique

Vin conseillé :
Saint-Nicolas-de-Bourgueil

Tête de veau sauce gribiche

1 Rincer quelques minutes la tête de veau à l'eau claire.

2 Préparer une marmite avec les carottes, l'oignon, la tête d'ail coupée en deux, le poireau coupé, le bouquet garni, le vin blanc, la queue (ou le pied) de veau et quelques grains de poivre et de genièvre.

3 Recouvrir le tout avec de l'eau (en faisant bien attention de mettre 10 g de gros sel par litre d'eau).

4 Il faut que la tête de veau soit totalement immergée le temps de la cuisson.

5 Pour la maintenir sous l'eau, utiliser un couvercle plus petit que celui de la marmite.

6 Mettre à cuire à couvert 3 à 4 h à feu doux.

7 Pour confectionner la gribiche, monter la moutarde, le sel, le poivre, les jaunes d'œufs et l'huile en mayonnaise.

8 Ajouter le vinaigre, les œufs durs écrasés, les cornichons, les câpres, le persil, le cerfeuil, l'estragon, le tout haché. Réserver au frais.

9 Il est possible de préparer la tête de veau en plat principal. Dans ce cas, mettre du chou, des carottes, des navets et des pommes de terre à cuire à l'eau salée.

10 En fin de cuisson, rajouter cette garniture de légumes dans le bouillon de tête de veau (préalablement filtré et débarrassé de sa garniture aromatique).

Ailerons de poulet dorés à l'ail

Ingrédients

- 16 ailerons de gros poulets,
- 150 g de beurre fondu,
- 200 g de chapelure,
- 8 gousses d'ail hachées finement (ou 100 g de poudre d'ail séchée),
- sel et poivre du moulin.

8 personnes

30 min

5-10 min

Menu

1 Flamber les ailerons.

2 Racler la chair, ôter l'os le plus mince et retourner la chair tout en la laissant attenante au plus gros os.

3 Vous obtenez une jambonnette en forme de pinceau (l'os représente le manche, la chair la pointe).

4 Mélanger la chapelure avec l'ail ou la poudre d'ail.

5 Passer les ailerons dans le beurre fondu, puis dans la préparation à base de chapelure.

6 Assaisonner fortement. Poser les ailerons sur une plaque et enfourner à 250 °C, 5 à 10 min environ, jusqu'à obtention d'une jolie couleur dorée. Déguster chaud.

Encornets farcis
●
Ailerons de poulet dorés à l'ail
●
Clafoutis aux cerises

Vin conseillé :
Gamay rouge

Ingrédients

- 2 canards sauvages plumés et vidés,
- 2 foies de poulet
plus les 2 foies des canards,
- 1 bocal (200 g) d'airelles au jus,
- 1 petit bocal de compote
de cerises anglaises ou de griottes,
- 1 citron,
- 4 échalotes hachées,
- 1 tasse de mie de pain,
- 1/2 verre (10 cl) de porto rouge,
- 4 cuillerées à soupe de kirsch,
- 1 cuillerée à café
de gingembre en poudre,
- 2 cuillerées à café
de concentré de tomate,
- 2 cuillerées à soupe de fond
de veau déshydraté
(ou 1 tablette de bouillon de volaille),
- 100 g de beurre mou,
- sel, poivre.

6 personnes

 25 min
 1 h

Menu

Omelette
de la mère Poulard
•
Canards sauvages aux cerises
•
Gâteau fouetté de Saint-Lô

Vin conseillé :
Meursault rouge

Canards sauvages aux cerises

1 Chauffer une petite noix (40 g) de beurre dans une poêle sur feu moyen et y blondir 3 à 4 min les échalotes en remuant.

2 Ajouter les foies de poulet et de canard coupés en morceaux, remuer encore 2 à 3 min.

3 Tremper la mie de pain avec deux cuillerées à soupe de porto, puis la mixer avec les foies, sel, poivre et une demi-cuillerée à café de gingembre.

4 Farcir les canards de cette farce, coudre l'ouverture.

5 Les installer dans un grand plat à four.

6 Les frotter avec le citron coupé en deux en en exprimant le jus.

7 Les enduire de beurre mou (50 g).

8 Saler, poivrer et les faire rôtir 15 min dans le four préchauffé sur maximum, jusqu'à ce qu'ils soient bien dorés.

8 D'autre part : égoutter les airelles au-dessus d'une casserole.

9 Ajouter à ce jus un verre d'eau (15 cl) , le fond de veau déshydraté, le concentré de tomate, le reste de porto et le gingembre.

10 Remuer et faire chauffer 3 à 4 min. Sortir les canards du four, les arroser de kirsch, les flamber.

11 Les mouiller de quelques cuillerées du jus de la casserole.

12 Réduire la température du four à 200 °C et poursuivre la cuisson des canards 45 min en les arrosant fréquemment de jus jusqu'à épuisement de celui-ci.

13 Un quart d'heure avant la fin de cuisson, verser les airelles et quatre ou cinq cuillerées à soupe de compote de cerises dans le plat.

14 Remuer et en arroser les canards encore deux fois. Servir dans le plat, découper à table et accompagner d'une purée de betteraves.

Civet de volaille au vin chaud

Ingrédients

- 4 cuisses de poulet,
- 1 l de vin rouge,
- 1 cuillerée à soupe rase de farine
- 3 cl d'huile,
- 1 carotte,
- 1 gros oignon,
- 2 échalotes,
- 1/2 feuille de laurier,
- 1 brindille de thym,
- 2 brins de persil,
- 1 orange,
- 3 bâtons de cannelle,
- 8 grains de cardamome,
- 8 clous de girofle,
- 1 pincée de quatre-épices,
- 1 cuillerée à café de moutarde,
- 5 cl de sang de volaille,
- 1 cuillerée à café de maïzena,
- sel, poivre.

4 personnes

1 h
1 h
(+ temps de marinade)

1 Couper les extrémités des cuisses de poulet.

2 Rabattre la viande contre l'os. Dans un grand récipient, faire mariner 24 h les cuisses avec le vin rouge, la carotte, l'oignon et les échalotes épluchés et coupés en dés, l'orange coupée en lamelles, le bouquet garni (thym, laurier, persil), la cannelle brisée, la cardamome écrasée, les clous de girofle et les quatre-épices.

3 Le lendemain, égoutter la marinade, séparer les cuisses, la garniture et le vin rouge.

4 Dans une grande poêle, colorer à l'huile les cuisses de poulet, puis les débarrasser dans une cocotte.

5 Ajouter le bouquet garni et les lamelles d'orange.

6 Dans la même poêle, colorer légèrement la garniture.

7 Singer (ajouter la farine), cuire 3 min en remuant.

8 Mouiller au vin rouge. Porter à ébullition, puis verser dans la cocotte.

9 Si le vin rouge n'arrive pas à hauteur des cuisses, rallonger avec un peu d'eau.

10 Assaisonner de sel et poivre. Couvrir et cuire 1 h à petits bouillons.

11 Une fois cuits, mettre les morceaux dans un plat et réserver au chaud.

12 Passer le jus au chinois, puis dégraisser. Faites réduire ce jus de moitié.

13 Mixer dans un bol, le sang, la moutarde, la maïzena.

14 Lier la sauce : retirer la réduction du feu. Incorporer la moitié de la liaison tout en fouettant. Porter à ébullition en continuant de fouetter.

15 Si la sauce n'est pas assez liée, renouveler l'opération. Vérifier l'assaisonnement.

16 Verser la sauce bouillante sur les cuisses et servir aussitôt.

Menu

Moules à la crème
•
Civet de volaille
au vin chaud
•
Pommes comme
les faisait ma mamie

Vin conseillé :
Brouilly

Coq au vin

Ingrédients

- 1 coq de 2 kg
- 200 g de lard
- 200 g d'oignons
- 200 g de champignons
- 5 cl d'huile
- 50 g de beurre
- 1 bouquet garni
- 3 gousses d'ail

8 à 10 personnes

1 h   1 h

Menu

Gelée de tomates,
espuma au basilic

•

Coq au vin

•

Clafoutis renversé de cerises,
crème de griottes

Vin conseillé :
Bourgogne

1 Découper la volaille en morceaux (ceci peut parfaitement être fait par le commerçant chez qui vous avez acheté ladite volaille).

2 Bien sûr, si cela est possible (à la campagne par exemple), se procurer un peu de sang de poulet, mais il ne faut pas avoir trop d'illusions et cet élément constitutif de la recette classique risque de faire défaut.

3 Pour conserver ce sang, verser dans le récipient du vinaigre (afin d'éviter une coagulation).

4 Prendre une cocotte, en fonte de préférence (car ce matériau favorise le « mijotage ») ; faire revenir les morceaux de coq-poulet avec de l'huile et du beurre ; ajouter des morceaux de lard (petit conseil : faire blanchir ces lardons auparavant ; vous éviterez qu'ils ne se dessèchent pendant qu'ils rissolent) et des oignons.

5 Lorsque les morceaux de poulet ont blondi, ajouter du vin rouge de bonne qualité (par exemple un passe-tout-grain), un bouquet garni, des champignons (par exemple de Paris) en quantité variable selon votre goût, et plusieurs gousses d'ail « en chemise ».

6 Le vin doit recouvrir le tout, mais pas le noyer. Éviter bien entendu une ébullition et laisser cuire à couvert pendant plus de 1 h à petit feu, selon la grosseur de la volaille (la chair doit se détacher facilement des os) ; enlever le couvercle en fin de cuisson pour faire réduire la sauce si elle est trop importante.

7 Si vous disposez de sang de poulet, il faut l'incorporer en fin de cuisson à la sauce.

8 Pour cela, prendre une louche de la sauce, la placer à part dans un petit récipient et verser doucement en remuant le tout légèrement, mais continuellement, pour que la fusion des deux éléments ne provoque pas de grumeaux ; reverser le tout dans le récipient de cuisson, bien mélanger.

9 Ajouter quelques croûtons de pain grillé.

10 Servir en accompagnement des pommes de terre avec du persil coupé fin.

Dinde farcie à la normande

Ingrédients

- 1 dinde d'environ 3 kg (plumée et vidée),
- 2 cuillerées à soupe d'huile.

Farce :
- 300 g de foies de volailles,
- 300 g de chair à saucisse,
- 300 g d'oignons,
- 1 verre à liqueur de calvados,
- sel, poivre.

Bouillon :
- Tous les légumes sont permis (champignons, carottes, poireaux, pommes de terre, navets, céleri, radis, chou-fleur, haricots verts, tomates...),
- 2 l de cidre bien sec,
- 1 verre de calvados,
- sel, poivre.

Garniture :
- 6 à 8 pommes reinettes,
- 150 g de beurre.

6 à 8 personnes

1 h   2 h

1 Peler et émincer finement les oignons. Hacher les foies de volailles. Couper en petits dés les pommes pelées et épépinées.

2 Faire fondre une grosse noix de beurre dans une sauteuse. Y faire revenir rapidement la chair à saucisse, le hachis d'oignons et de foies, les cubes de pommes.

3 Mouiller avec le calvados. Saler et poivrer la farce. Emplir le ventre de la bête de ce mélange et coudre l'ouverture.

4 À l'aide d'un pinceau, enduire la dinde d'huile. Saler et poivrer. La dorer de toutes parts à feu vif.

5 Dans une grande marmite, verser le cidre et le calvados. Ajouter les légumes épluchés et coupés grossièrement, sel et poivre.

6 Plonger la volaille dans ce bouillon et laisser cuire une heure et demie environ.

7 Le temps de cuisson dépend de la taille de la dinde.

8 Piquer de temps en temps la pointe d'un couteau dans sa chair pour s'assurer de son degré de cuisson.

9 Couvrir. Un peu avant la fin de la cuisson, peler et épépiner les pommes. Les couper en quartiers et les faire blondir dans du beurre à la poêle.

10 Les réserver au chaud. Retirer la dinde de son bouillon et la découper en morceaux. Faire chauffer le plat de service.

11 Verser toute la crème dans la marmite et porter à ébullition pendant une demi-heure. Il ne faut surtout pas couvrir car le bouillon doit réduire. Mixer pour obtenir une belle purée bien onctueuse.

12 Dresser les morceaux de la volaille sur le plat de service, parée des quartiers de pommes salés et poivrés.

13 Napper généreusement de cette sauce surprenante.

Menu

Soupe au chou « grasse »
●
Dinde farcie à la normande
●
Rabottes picardes

Vin conseillé :
Beaujolais-villages

Fondant de canette
à la lie de muscadet

Ingrédients

- 8 filets de canette,
- 8 cuillerées à soupe de crème épaisse,
- 50 cl de lie de muscadet
- thym,
- laurier,
- sel de Guérande,
- poivre.

8 personnes

30 min

20 min

Menu

Cocktail de fruits de mer

•

Fondant de canette à la lie
de muscadet

•

Gâteau au sucre

Vin conseillé :
Muscadet des coteaux
de Loire de 2 ou 3 ans d'âge

1 La veille, mettre à macérer les filets dépouillés de leur peau dans la lie avec sel, poivre, thym, laurier.
2 Égoutter les filets et les saisir au beurre ; cuire rosé.
3 Retirer la graisse et déglacer avec la lie. Ôter les filets et les mettre sur les assiettes.
4 Faire réduire la lie de 50 % puis crémer, saler, poivrer du poivre blanc du moulin.

5 Faire réduire onctueusement la sauce.
6 Pendant ce temps, poser la garniture sur les assiettes et escaloper les fondants.
7 Lorsque la sauce est à point, napper les filets et servir aussitôt.

Lapin à l'ail

Ingrédients

- 1 lapin de garenne,
- 20 gousses d'ail,
- 3 cuillerées d'huile,
- 100 g de lard gras,
- 2 verres de bouillon,
- persil haché,
- sel et poivre.

4 personnes

15 min

45 min

1 Le lapin étant dépouillé et vidé, le découper en six morceaux.

2 Éplucher dix gousses d'ail et laisser les autres avec leur peau.

3 Faire chauffer l'huile dans une cocotte et faire revenir les morceaux avec le lard laissé entier.

4 Quand tout est bien doré de tous côtés, ajouter les gousses d'ail non épluchées.

5 Couvrir la cocotte et laisser mijoter pendant 10 min.

6 Retourner les morceaux de lapin, saler et poivrer, couvrir et continuer de faire cuire pendant 10 min.

7 Ajouter alors les dix gousses d'ail épluchées et fendues en deux.

8 Couvrir et faire cuire encore 20 min en remuant de temps en temps les morceaux de lapin et le lard.

9 Pour servir, retirer les morceaux de lapin et les réserver au chaud sur un plat de service.

10 Dans la cocotte, à la fourchette, écraser toutes les gousses d'ail pour en faire une sorte de purée.

11 Verser le bouillon bouillant, mélanger et laisser mijoter, quelques instants.

12 Découper le morceau de lard en tranches et les disposer autour du lapin.

13 Passer la sauce au chinois sur le lapin et le lard.

14 Saupoudrer de persil haché. Servir aussitôt.

Menu

Huîtres chaudes
au crèmant de Loire

•

Lapin à l'ail

•

Gougères aux pommes

**Vin conseillé :
Bourgueil**

Lapin Lucky Luke

Ingrédients

- 1 gros lapin de 2 à 2,5 kg coupé en 6 morceaux,
- 1 l de cola non allégé,
- 2 cuillerées à soupe de thym émietté,
- 2 feuilles de laurier,
- 1 cuillerée à café de sucre,
- 1 cuillerée à soupe de whisky,
- sel, poivre.

4 à 6 personnes

 5 min

 30-40 min

(+ temps de marinade)

Menu

Ravioles de pommes de terre
au jambon fumé,
jus de rôti de veau à la sauge
•
Lapin Lucky Luke
•
Sablés de Caen

Vin conseillé :
Corbières

1 Mettre le lapin dans un grand plat creux.
2 Ajouter les autres ingrédients et laisser mariner au minimum six heures, voire toute une nuit.
3 Sortir les morceaux de lapin de la marinade, les éponger au papier absorbant.
4 Les poser sur la grille de barbecue à 20 cm des braises.
5 Faire cuire 30 à 40 min selon la grosseur des morceaux, en les retournant souvent et en les badigeonnant avec la marinade.

6 En fin de cuisson, rapprocher le lapin des braises pour bien le dorer de tous côtés.
7 Accompagner de fines tranches de poitrine fumée grillées également sur le barbecue lorsque le lapin est rapproché des braises.
8 Servir en même temps des galettes de maïs et une mayonnaise.

Lapin au miel

Ingrédients

- 1 lapin de 1,2 kg environ coupé en morceaux,
- 2 carottes coupées en petits dés,
- 1 gros oignon émincé,
- 1 grosse gousse d'ail écrasée,
- 2 verres (30 cl) de vin blanc de Saumur,
- 4 cuillerées à soupe de crème fraîche épaisse,
- 2 cuillerées à soupe de miel,
- 1 grosse noix (60 g) de beurre,
- 1 feuille de laurier
- 1 branchette de thym,
- sel, poivre,
- huile.

4 personnes

20 min · 45 min-1 h

Menu

1 Faire chauffer le beurre dans une cocotte avec une cuillerée à soupe d'huile.

2 Y dorer les morceaux de lapin avec les carottes et l'oignon (15 min environ) jusqu'à ce que tout soit bien doré.

3 Mouiller alors avec le vin. Racler les sucs du fond de la cocotte avec une spatule.

4 Ajouter ail, thym, laurier, sel et poivre.

5 Couvrir et laisser mijoter 45 min à 1 h sur feu doux.

6 Ensuite retirer les morceaux de lapin, le thym et le laurier.

7 Passer la sauce au mixeur. La remettre sur le feu.

8 Ajouter la crème fraîche et le miel. Faire réduire à consistance onctueuse en remuant.

9 Remettre les morceaux de lapin à réchauffer dans cette sauce.

Salade d'hiver au cidre
•
Lapin au miel
•
Tarte renversée aux pommes et miel de sapin

Vin conseillé :
Beaujolais

Lapin à la moutarde

Ingrédients

- 1 lapin,
- 1 pot de moutarde forte,
- graisse de canard,
- 200 g de petits oignons blancs,
- 200 g de poitrine de porc fumée,
- 1 verre de vin blanc sec,
- thym,
- laurier,
- 3 cuillerées à soupe de crème fraîche.

6 personnes

 1 h
 45 min

Menu

Tarte aux poireaux
et au comté
•
Lapin à la moutarde
•
Tarte aux raisins

Vin conseillé :
Madiran

1 Disposer d'un lapin coupé en morceaux de petites dimensions ; ne pas utiliser le foie et le cœur (qui ne se prêtent pas à cette préparation).

2 Enduire chaque morceau de lapin de moutarde forte.

3 Ranger ces morceaux dans un plat, et laisser en attente plusieurs heures.

4 Dans une poêle préalablement graissée faire revenir 10 min les morceaux de lapin et les petits oignons épluchés.

5 Lorsque la viande est bien dorée, l'ôter de la poêle et la mettre dans une cocotte dont on aura tapissé le fond de fines tranches de lard fumé.

6 Déglacer la poêle avec du vin blanc sec qui sera reversé dans la cocotte, ajouter des oignons, émietter une branche de thym sur la surface et une feuille de laurier chiffonnée.

7 Couvrir et laisser cuire 45 min à feu doux.

8 Au moment de servir, ôter les morceaux de lapin de la cocotte, lier la sauce avec de la crème fraîche et verser dans le plat de service chaud.

Lapin aux pruneaux et aux raisins

Ingrédients

- 1 lapin de 1,2 kg environ avec son foie,
- 1 bouquet garni (thym, laurier, persil),
- 4 échalotes,
- 10 baies de genièvre,
- 10 grains de poivre,
- 1 bouteille de vin rouge,
- 15 cl de vinaigre de vin,
- 1 cuillerée à café de beurre,
- 1 cuillerée à café de farine,
- 2 cuillerées à soupe de raisins secs,
- 1 cl de genièvre,
- 3 douzaines de pruneaux,
- 200 g de lardons non fumés,
- 1 cuillerée à soupe de gelée de groseilles,
- sel, poivre.

6 personnes

 30 min  1 h

1 La veille, découper le lapin en morceaux et le mettre à mariner dans une terrine avec le bouquet garni, les baies de genièvre, le poivre, le vinaigre et le vin rouge.
2 Retourner de temps en temps. Laisser mariner toute la nuit.
3 Le lendemain, sortir les morceaux de lapin (sans le foie), les éponger, les saupoudrer de farine et les faire dorer dans le beurre chaud.
4 Les retirer et jeter l'excédent de graisse. Remettre la cocotte sur le feu et faire revenir les échalotes coupées et les lardons pendant quelques minutes.
5 Mouiller avec la marinade passée au tamis.

6 Ajouter le bouquet garni. Saler, poivrer et faire cuire de 45 min à 1 h, selon l'âge du lapin.
7 Pendant ce temps, faire tremper les raisins secs dans le genièvre.
8 Vingt minutes avant la fin de la cuisson, les incorporer avec les pruneaux.
9 Ajouter le foie 10 min avant la fin de la cuisson pour qu'il reste moelleux.
10 Disposer la viande avec les raisins et les pruneaux dans un plat de service chaud.
11 Lier la sauce avec la gelée de groseille et en napper la viande.

Menu

Salade de lentilles vertes du Puy
●
Lapin aux pruneaux et aux raisins
●
Terrine de Fierville ou teurgoule

Vin conseillé : Chinon

Ingrédients

- 1 lapin,
- 2 cuillerées à soupe d'huile d'olive,
- 3 cuillerées à soupe de beurre,
- 250 g de champignons de Paris,
- 3 ou 4 échalotes,
- persil,
- 1 verre de vin blanc sec,
- 2 cuillerées à soupe de concentré de tomates,
- 1 cuillerée à soupe de fonds de viande,
- 1 petit verre de cognac.

Lapin sauté chasseur

6 personnes

 1 h
 1 h

Menu

Soupe au potiron

•

Lapin sauté chasseur

•

Sorbet au calvados ou au pommeau

Vin conseillé :
Côtes de Beaune

1 Faire dorer à feu vif ces morceaux dans de l'huile (2 cuillerées à soupe) et du beurre (3 cuillerées à soupe).

2 Couvrir et laisser cuire à petit feu pendant 30 min.

3 Réserver le lapin au chaud (par exemple dans un plat creux couvert d'une assiette).

4 Émincer 250 g de champignons de Paris ; hacher grossièrement des échalotes (trois ou quatre) et ciseler un petit bouquet de persil.

5 Faire revenir les champignons dans le plat de cuisson (n'ajouter du beurre que si nécessaire) pendant quelques minutes.

6 Ajouter les échalotes et un verre de vin blanc sec.

7 Porter à ébullition et baisser le feu ; ajouter 2 cuillerées à soupe de concentré de tomates et 1 cuillerée à soupe de fond de viande ainsi qu'un petit verre d'alcool (marc ou cognac) ; bien mélanger et replacer dans la sauce les morceaux de lapin.

8 Servir en saupoudrant du persil ciselé.

Magrets de canard à la murat

Ingrédients

- 1 kg de magrets de canard épais,
- 6 cuillerées à soupe d'armagnac,
- 1 cuillerée à soupe de poivre « mignonnette » (à steak),
- sel.

Sauce :
- 1/2 bouteille de vin de Bergerac rouge,
- 1 tablette de bouillon de volaille,
- 1 grosse cuillerée à soupe de baies de genièvre écrasées,
- 2 gousses d'ail non épluchées,
- 1 petit bouquet garni (1 carotte, 1 branchette de thym, 1 feuille de laurier, quelques brins de persil),
- 1 cuillerée à café de poivre en grains,
- 750 g de cèpes frais (petits et encore bien fermés),
- 1 cuillerée à café bombée de maïzena,
- 1 noix (50 g) de beurre,
- sel, poivre,
- huile d'olive.

6 personnes

1 h

10 min

Menu

Velouté de fanes de radis
•
Magrets de canard
à la murat
•
Tourte à la rhubarbe

Vin conseillé :
Montagne Saint-Émilion

1 Chauffer une poêle sèche sur feu vif. Inciser la peau des magrets en croisillons et lorsque la poêle est brûlante les y déposer, peau contre poêle.

2 Les faire dorer jusqu'à ce que la peau soit croustillante et que la graisse se répande dans la poêle ; les retourner et dorer rapidement la chair sans chercher à la cuire.

3 Retirer ensuite les magrets sur un plat, les arroser d'armagnac.

4 Les laisser macérer 15 min en les retournant une fois et en les pressant avec la paume de la main pour leur faire absorber l'alcool et les attendrir.

5 Ensuite les tailler en tranches fines avec un couteau à lame longue et bien aiguisée.

6 Les reconstituer légèrement étalés dans un plat à four ; les saler et les saupoudrer de poivre mignonnette. Réserver.

7 Recueillir le jus de macération dans une casserole. Ajouter le vin, un demi-verre d'eau, la tablette de bouillon de volaille, les baies de genièvre, l'ail en chemise, le bouquet garni, le poivre en grains et une cuillerée à café de sel.

8 Faire réduire ce fond de sauce de moitié sur feu moyen (il doit mijoter et non bouillir à gros bouillons).

9 Pendant ce temps, essuyer les cèpes (ne pas les laver), séparer les têtes des queues, éplucher les queues si nécessaire, et couper le tout en lamelles.

10 Chauffer une cuillerée à soupe d'huile d'olive dans une poêle et y faire revenir les cèpes 5 min en remuant. Laisser en attente.

11 Lorsque le fond de sauce est bien réduit, le filtrer sur les cèpes et remettre à cuire 10 à 15 min.

12 Lier ensuite la sauce : manier le beurre avec la maïzena, l'ajouter en petits morceaux dans la sauce aux cèpes ; remuer jusqu'à consistance nappante et onctueuse. Réserver.

13 Pour servir, préchauffer le four à 240 °C et y terminer la cuisson des magrets 10 min en plaçant le plat assez haut dans le four.

14 Réchauffer la sauce aux cèpes.

15 Disposer par assiette quatre ou cinq petites tranches de magret, entourer de sauce aux cèpes. Accompagner de pommes de terre sautées.

Magrets à la clavelière

Ingrédients

- 800 g de magrets de canard,
- 300 g de gros raisin blanc à chair ferme,
- 1 petit verre (7 cl) d'armagnac,
- 1 petit verre (7 cl) de pineau des Charentes,
- 1 verre (20 cl) de muscadet-sur-lie,
- 2 échalotes finement hachées,
- 1/2 tablette de bouillon de volaille,
- 1 grosse noix (50 g) de beurre demi-sel,
- 1 cuillerée à café de poivre à steak,
- sel, poivre,
- 1 noisette de beurre.

4 personnes

1 h | 5-7 min au gril

Menu

Huîtres chaudes au crémant de Loire
●
Magrets à la clavelière
●
Crème brûlée aux figues et au pain d'épice

Vin conseillé :
Mercurey

---

1 Faire chauffer une poêle sèche (antiadhésive) sur feu vif.

2 Inciser la peau des magrets en croisillons, puis les déposer dans la poêle, peau contre poêle.

3 Les faire dorer ainsi jusqu'à ce que la peau soit croustillante et que la graisse se répande dans la poêle.

4 Les retourner et dorer rapidement l'autre face sans chercher à les cuire. Jeter la graisse rendue.

5 Ensuite, les retirer dans un petit plat creux, les arroser d'armagnac et les flamber (il est préférable de chauffer d'abord l'armagnac dans une petite casserole avant de le verser sur les magrets).

6 Les laisser macérer 10 min.

7 Tailler ensuite chaque magret en fines escalopes avec une lame longue et bien aiguisée, en posant la lame presque à plat afin d'obtenir des escalopes fines mais larges.

8 Les disposer, se chevauchant, sur un plat à four.

9 Les saler, les saupoudrer de poivre à steak et les réserver à température ambiante, couverts d'aluminium ménager.

10 Réserver l'armagnac de macération.

Préparer la sauce :

1 Peler et épépiner les grains de raisin. Faire blondir les échalotes avec les 50 g de beurre dans une casserole sur feu doux (6 min).

2 Ajouter l'armagnac de macération, le pineau, le vin blanc et la demi-tablette de bouillon de volaille. Amener à ébullition sur feu vif, réduire le feu.

3 Laisser mijoter et réduire cette sauce pendant 15 min. Saler, poivrer, ajouter les grains de raisin, cuire encore 3 min. Retirer du feu.

Pour servir :

1 Préchauffer le gril du four jusqu'à ce qu'il soit bien rouge.

2 Retirer l'aluminium ménager du plat de magrets avant de glisser celui-ci sous le gril (à environ 7 cm du gril). Les faire griller 5 à 7 min en surveillant.

3 Pendant ce temps, réchauffer la sauce et en arroser les magrets au sortir du four.

4 Accompagner d'une purée de céleri ou de pommes de terre sautées.

Pintade
d'automne au cidre

4 personnes

 25 min
 1 h 20

1 Faire tremper les raisins secs dans de l'eau tiède.

2 La chair de la pintade étant un peu sèche, prendre le soin de l'entourer d'une barde de lard gras.

3 Dans une cocotte où vous aurez fait fondre une grosse noix de beurre, faire revenir la volaille en la retournant afin de la saisir sur toutes les faces.

4 Saler, poivrer. Mouiller avec le cidre et une larme de calvados.

5 Couvrir et laisser cuire pendant 1 h à petit feu.

6 Ajouter alors les raisins égouttés et les cerneaux de noix.

7 Poursuivre la cuisson pendant encore 20 min.

8 Pendant ce temps, peler et évider les pommes.

9 Les couper en quatre et les faire revenir à la poêle, dans un beurre bien chaud, mais non coloré pendant un bon quart d'heure.

10 Les retourner de temps en temps sans les défaire. S'aider de deux spatules.

11 Quand la pintade est cuite, la sortir de la cocotte, la découper et réserver les morceaux au chaud dans le plat de service.

12 Réduire le bouillon d'environ un tiers et lier avec la crème fraîche, cuillerée après cuillerée.

13 Goûter et rectifier l'assaisonnement en sel et en poivre.

14 Entourer la pintade des quartiers de pommes et napper de sauce. C'est un régal.

Menu

Tarte aux navets
•
Pintade d'automne au cidre
•
Sabayon de fruits rouges
au monbazillac

Vin conseillé :
Fitou

Ingrédients

- 1 pintade fermière de Janzé,
- 4 mini-craquelins,
- 80 g + 40 g de beurre,
- 80 g de Petit-Breton,
- 15 cl de crème fraîche,
- 1 jaune d'œuf,
- 75 cl + 3 cl cidre,
- fleur de sel,
- 2 pommes reinettes Armorique,
- 1/2 citron,
- 8 brins de ciboulette,
- sel, poivre.

Pâte à galette :
- 125 g de farine de blé noir,
- 5 cl de lait ribot,
- gros sel,
- 35 cl d'eau.

4 personnes

 1 h
 20-30 min

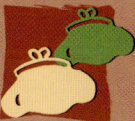

Menu

Pintade à la vapeur de cidre, tagliatelles de blé noir au lait ribot

1 Mettre la farine dans un saladier, ajouter le gros sel et le lait ribot, mélanger l'ensemble.
2 Délayer avec l'eau petit à petit, battre 2 min.
3 Ajouter l'eau restante : vous devez obtenir une pâte lisse (pas besoin de repos).
4 Cuire la galette à 250 °C sur une tuile beurrée, la retourner au bout de 20 à 30 s et poursuivre la cuisson rapidement sur l'autre face.
5 Laisser refroidir, puis tailler les galettes en tagliatelles (lanières).
6 Éplucher les pommes, les citronner, mettre les épluchures avec le cidre dans le cuit-vapeur, porter à ébullition.
7 Découper la pintade en quatre morceaux, les assaisonner, les raidir dans le beurre chaud et les déposer dans le cuit-vapeur, couvrir et cuire de 20 min (pour la pintade) à 30 min (pour les cuisses).
8 Découper les pommes en quartiers, les sauter dans le beurre jusqu'à l'obtention d'une coloration blonde, les garder croquants.
9 Réserver au chaud.
10 Retirer la croûte du Petit-Breton, le couper en petits dés très fins, mélanger avec un jaune d'œuf et les 3 cl de cidre, assaisonner.
11 Réserver au frais.
12 Retirer les morceaux de pintade, les réserver au chaud (à four doux).
13 Filtrer le cidre, le mettre à réduire (20 cl) et incorporer la crème fraîche, porter à ébullition et réduire à nouveau jusqu'à l'obtention d'une sauce nappante.
14 Vérifier l'assaisonnement. Fondre le beurre dans une poêle, adjoindre les tagliatelles de blé noir et les rendre croustillantes.
15 Placer la farce au Petit-Breton dans les mini-craquelins et passer quelques instants au four, de façon à faire fondre et à colorer légèrement.
16 Dresser sur une assiette chaude, ajouter les tagliatelles, surmonter des quartiers de pommes, napper d'un cordon de sauce au cidre, parsemer la fleur de sel sur la pintade et placer les brins de ciboulette.

Poule au blanc

Ingrédients

- 1 belle poule pas trop grasse de 2 kg environ,
- 1 citron,
- 3 carottes coupées en quatre,
- 3 navets coupés en quatre,
- 250 g de petits oignons ou d'échalotes pelés,
- 250 g de petits champignons de Paris,
- 1 pincée de noix de muscade râpée,
- 1 gousse d'ail,
- 1 bouquet garni,
- 2 grosses branches d'estragon,
- sel, poivre,
- 300 g de riz rond.

Sauce :
- 1 grosse noix (60 g) de beurre,
- 60 g de farine (3 cuill. à soupe),
- 6 cuill. à soupe (200 g) de crème fraîche,
- 2 jaunes d'œufs,
- 2 cuill. à soupe d'estragon ciselé.

6 personnes

 30 min
 1 h 30

Menu

1 Frotter la peau de la poule avec le citron coupé en deux.

2 Saler, poivrer l'intérieur et introduire deux branches d'estragon frais.

3 Mettre la poule dans une grande marmite avec les carottes, navets, oignons, champignons.

4 Ajouter la gousse d'ail, le bouquet garni, sel, poivre et noix de muscade.

5 Presser le citron dont on a frotté la volaille et en arroser le tout.

6 Couvrir d'eau, porter à ébullition, écumer.

7 Réduire à feu doux, couvrir et laisser cuire doucement 1 h 30.

8 D'autre part, faire cuire le riz 10 min à l'eau bouillante salée, l'égoutter, le rincer sous l'eau courante.

9 Le verser dans une casserole et le recouvrir de bouillon de poule.

10 Laisser finir de cuire et entièrement absorber le liquide, encore environ 20 min à feu très doux.

Préparer la sauce :

1 Faire fondre le beurre dans une casserole sur feu doux et y cuire la farine 3 à 4 min en remuant sans la roussir.

2 Ajouter petit à petit du bouillon de poule jusqu'à obtenir une sauce fluide (environ 70 cl).

3 Laisser cuire 10 min. Au moment de servir lier la sauce avec les jaunes mélangés à la crème fraîche sans faire bouillir.

4 Ajouter l'estragon ciselé et rectifier l'assaisonnement.

5 Découper la poule sur un plat, l'entourer des légumes et la napper de sauce.

6 Présenter le riz à part et le reste de sauce en saucière.

Crème glacée de concombre à la menthe
•
Poule au blanc
•
Tourte aux prunes

Vin conseillé :
Madiran

Poule au pot de Sorges

Ingrédients

- 1 poule grasse de 2 ou 3 kg,
- 8 carottes,
- 8 navets,
- 1 chou blanc,
- 4 poireaux,
- 8 pommes de terre.

Farce :
- mie de pain,
- sang,
- ail haché,
- persil haché,
- dés de lard salé (50 g),
- 1 à 2 œufs (pour lier la farce).

Sauce :
- 6 jaunes d'œufs,
- 2 cuillerées à soupe de vinaigre rouge,
- 50 cl d'huile,
- sel, poivre,
- fines herbes
- 2 œufs durs hachés.

8 personnes

 1 h
 3-4 h

Menu

Soupe au potiron
•
Poule au pot de Sorges
•
Sorbet granité à la pomme verte

Vin conseillé :
Anjou-villages

Préparer la farce :
1 Mélanger tous les éléments et farcir la poule.

Préparer la sauce :
1 Fouetter les jaunes avec le vinaigre au bain-marie jusqu'à obtention d'une émulsion.
2 Ajouter l'huile en fouettant énergiquement et mettre les fines herbes, les œufs durs hachés.
3 Vérifier l'assaisonnement.

Cuire la poule :
1 Cuire dans un bouillon pendant 3 ou 4 h, mettre les légumes à mi-cuisson (sauf les pommes de terre) que l'on ajoutera 15 min avant la fin.
2 Servir avec la sauce tiède.

Poulet de Bresse mariné au citron

Ingrédients

- 1 poulet de Bresse de 1,8 kg,
- 2 citrons jaunes,
- 4 brins de persil plat haché,
- 100 g de champignons de Paris,
- 4 oignons fanes,
- 100 g de jus de poulet,
- 100 g de beurre noisette,
- 200 g de graisse d'oie,
- 5 cl d'huile de pépins de raisin,
- 2 brins de thym citron,
- sel, poivre.

4 personnes

15 min   20 min

(+ temps de marinade)

1 Zester les citrons à l'aide d'une râpe fine. Réserver.

2 Presser les deux citrons. Couper le poulet cru en huit morceaux.

3 Assaisonner de sel et poivre, puis ajouter le jus de citron et la moitié des zestes.

4 Laisser mariner 2 h au frais. Dans une cocotte, colorer à l'huile les morceaux de poulet.

5 Cuire pendant 20 min à feu doux en tournant les morceaux régulièrement.

6 Laver, essuyer et émincer les champignons.

7 Les frire à la graisse d'oie. Éponger sur du papier absorbant.

8 Réserver au chaud. Faire de même avec le blanc des oignons fanes.

9 Préparer la sauce en mélangeant le jus de poulet, le beurre noisette, les zestes de citron restants.

10 Vérifier l'assaisonnement. Réserver au chaud.

Servir sur assiette ou en cocotte le poulet, les oignons et les champignons frits, le persil haché et le jus en saucière.

Menu

Coquilles Saint-Jacques marinées aux asters maritimes et huile de criste-marine

•

Poulet de Bresse mariné au citron

•

Kouign-amann de Fanch

Vin conseillé : Faugères rouge

Poulet au cidre de fouesnant

Ingrédients

- 1 beau poulet fermier de 1,2 kg,
- 2 verres moyens (30 cl) de cidre fermier,
- 4 cuillerées à soupe d'eau-de-vie de cidre,
- 6 échalotes émincées,
- 4 cuillerées à soupe de crème fraîche épaisse,
- 2 pommes (reinettes ou canada),
- 100 g de beurre demi-sel,
- sel, poivre.

4 personnes

 15 min
 45 min

Menu

Velouté aux moules
●
Poulet au cidre
de Fouesnant
●
Gâteau au chocolat
servi tiède

Vin conseillé :
Côtes de Blaye

1 Dans une grande cocotte, faire dorer le poulet avec la moitié du beurre sur feu moyen.
2 Ajouter les échalotes et dorer encore 3 à 4 min le tout.
3 Arroser d'eau-de-vie et de cidre, saler, poivrer, couvrir, réduire le feu à doux. Laisser mijoter 20 min.
4 Ajouter les pommes pelées et coupées en quatre, ainsi que le reste de beurre.
5 Laisser cuire 5 min à découvert sur feu vif pour réduire la sauce.
6 Ajouter la crème fraîche, couvrir et cuire encore 20 min à feu doux.
7 Accompagner d'une purée de pommes de terre.

Poulet en cocotte

Ingrédients

- 1 poulet fermier de 2 kg,
- 5 cl d'huile d'arachide,
- 20 g de beurre,
- 1/2 botte de basilic,
- 1 branche d'estragon,
- 1 carotte,
- 4 cl de calvados,
- 3 échalotes,
- 100 g de couenne de porc fumée,
- 20 cl de fond de veau,
- 10 cl de vin blanc sec,
- sel et poivre du moulin.

8 personnes

 15 min
 45 min

1 Dans une grande cocotte en fonte, faire chauffer l'huile avec un peu de beurre.

2 Assaisonner le poulet et le saisir de chaque coté, ajouter la couenne de porc et laisser cuire à couvert pendant 45 min, arroser de temps en temps.

3 Laver et tailler en petits dés la carotte et les échalotes.

4 Découper le poulet cuit, et le tenir au chaud.

5 Dégraisser la cocotte, ajouter et faire colorer la carotte et les échalotes en dés avec l'estragon.

6 Déglacer au calvados, flamber et verser le vin blanc, porter à ébullition, réduire légèrement, puis ajouter le fond de veau et réduire de nouveau à consistance un peu liée, assaisonner.

7 Mettre les morceaux de poulet dans la cocotte, avec les feuilles de basilic hachées et servir chaud.

Menu

Tourte aux pommes de terre « belle de Fontenay »
•
Poulet en cocotte
•
Sabayon de fruits rouges au monbazillac

Vin conseillé :
Côtes du Rhône

Poulet Gaston Gérard

Ingrédients

- 1,8 kg de poulet fermier,
- 5 cl d'huile, 100 g de beurre,
- 2 oignons,
- 1 échalote,
- 30 cl de vin blanc sec (aligoté),
- 50 cl de crème fraîche,
- 100 g de gruyère râpé,
- 80 g de moutarde de Dijon,
- sel et poivre.

6 personnes

 20 min

 35 min

Menu

Bouriquette
•
Poulet Gaston Gérard
•
Assiette de fraises en gelée
de vin rouge

Vin conseillé :
Bourgogne aligoté

1 Couper le poulet en morceaux. Dans un sautoir, mettre l'huile et 50 g de beurre et faire rissoler le poulet pendant 15 min.
2 Retirer les morceaux et dégraisser. Ensuite, dans le sautoir, faire revenir l'échalote et les oignons finement ciselés avec 50 g de beurre.
3 Ajouter le vin et remettre les morceaux de poulet à cuire.
4 Faites mijoter quelques minutes, puis ajouter la crème.

5 Saler, poivrer et faire cuire à feu doux pendant 20 min.
6 Retirer les morceaux de poulet du sautoir et lier la sauce à la moutarde.
7 Dans le fond d'un plat à gratin, mettre la moitié du gruyère râpé, puis les morceaux de poulet et la sauce.
8 Recouvrir du gruyère râpé restant et gratiner le tout au four. Servir.

Poulet
aux langoustines

6 personnes

35 min   40 min

(+ temps de marinade)

1 Couper le poulet en morceaux et le placer dans un faitout.
2 Arroser du cognac et laisser mariner ainsi pendant plusieurs heures.
3 Sortir ensuite les morceaux de poulet et réserver la marinade de cognac.
4 Faire revenir et blondir dans une grande poêle les morceaux de poulet pendant près de 30 min en les tournant à plusieurs reprises afin qu'ils cuisent uniformément.
5 Les placer dans un grand plat de service et maintenir au chaud.
6 À côté, éplucher les langoustines, les rincer et bien les égoutter.
7 Dans une poêle, faire sauter les langoustines dans un peu de beurre, en les retournant pendant près de 10 min.

8 Ajouter ensuite le reste du beurre, ainsi que les petits oignons blancs hachés et la crème fraîche.
9 Faire revenir doucement en ajoutant à la sauce la marinade de cognac et mélanger délicatement le tout afin d'obtenir une sauce crémeuse.
10 Saler, poivrer et ajouter une pointe de paprika afin de donner du goût et une couleur agréable.
11 Napper le poulet de cette sauce bien chaude, en prenant soin que les queues des langoustines restent bien entières.

Menu

Salade d'andouillettes
aux lentilles vertes
et à la doucette
•
Poulet aux langoustines
•
Gâteau fouetté de Saint-Lô

Vin conseillé :
Saumur-champigny

Ingrédients

- 1 poulet, graisse d'oie,
- 1 oignon,
- 1 dizaine de petits oignons blancs,
- 1 cuillerée de farine,
- 2 verres de vin blanc,
- sel, poivre,
- vinaigre,
- 1 bouquet garni,
- 1 petit verre de fine de champagne.

4 personnes

 30 min

 40 min

Menu

Salade à l'oignon frit
•
Poulet sauce rouilleuse
•
Meringues aux amandes

Vin conseillé :
Corbières

Poulet sauce rouilleuse

1 Découper en morceaux un poulet cru, vidé et flambé, couper la carcasse en deux, supprimer les pattes aux jointures, et séparer le blanc de l'aile.

2 Faire fricasser à feu vif, les morceaux de poulet avec la graisse fine.

3 Lorsqu'ils sont bien dorés, ajouter un oignon haché et une dizaine de petits oignons blancs à faire également rissoler.

4 Saupoudrer d'une bonne cuillerée de farine que vous faites un peu roussir.

5 Mouiller avec du vin blanc (deux verres), soit tout simplement avec de l'eau tiède.

6 Saler, poivrer, ajouter un bouquet garni de thym, laurier, persil et laisser cuire tranquillement pendant 45 min, selon la jeunesse et la grosseur de la volaille.

7 Prendre soin de recueillir le sang du poulet dans un bol avec un peu de vinaigre, afin qu'il ne fige pas.

8 Délayer tout doucement un peu de sauce avec le sang, plus un petit verre de fine champagne, et quelques minutes avant de servir, ajouter au reste de la sauce en mélangeant bien le tout.

9 À partir de ce moment, repousser la cocotte sur le coin du feu, car le sang ne doit cuire que très lentement. Servir avec des pommes vapeur.

Rôti de dindonneau à la sauge et au vinaigre de miel

Ingrédients

- 1 rôti de dindonneau de 800 g à 1 kg,
- 5 cl de vinaigre de vin,
- 5 cl de Noilly Prat,
- 10 cl de lait,
- 2 cuillerées à soupe de miel liquide,
- 1 poignée de feuilles de sauge,
- sel, poivre.

4 personnes

 30-35 min

 30 min

Menu

1 Mélanger dans un saladier le vinaigre de vin, le miel, le Noilly, le sel et le poivre, et le lait.
2 Badigeonner le rôti de ce mélange, laisser reposer 2 h au frais.
3 Mettre 2 l d'eau et la sauge dans le bas du cuit-vapeur, faire bouillir.
4 Mettre le rôti sur la grille du cuit-vapeur et cuire 25 à 30 min selon la grosseur.
5 Sortir la viande, la badigeonner avec le reste du mélange et passer à four très chaud 5 min.

Tarte aux poireaux et au comté
•
Rôti de dindonneau à la sauge et au vinaigre de miel
•
Mousse au chocolat amer

Vin conseillé :
Côtes de Saint-Mont

Ballottines de colin cressonnière, purée d'ail

Ingrédients

- 4 filets de colin de 120 g,
- 1/2 botte de cresson,
- 15 cl de crème liquide,
- 20 g + 20 g de beurre,
- 1/2 oignon,
- sel, poivre,
- 1 pincée de fleur de sel.

Purée :
- 2 têtes d'ail,
- 1 cuillerée à soupe de crème,
- feuilles de papier film.

4 personnes

 35 min  25 min

Menu

Salade de coques aux radis roses et aux herbes vertes
•
Ballottines de colin cressonnière, purée d'ail
•
Tuiles à la farine de lentilles

Vin conseillé :
Muscadet

1 Faire lever les filets par votre poissonnier, retirer la peau.

2 Assaisonner le filet et le couper en portion, envelopper les quatre parts dans le papier film, façonner en forme de rouleau, serrer fort les extrémités.

3 Éplucher l'ail, retirer le germe. Le blanchir à l'eau froide (porter à ébullition trois fois en changeant l'eau et rafraîchir sous l'eau froide).

4 Cuire avec la crème 5 min, assaisonner et réduire en purée.

5 Laver, effeuiller le cresson.

6 Hacher l'oignon, le faire revenir sans coloration dans le beurre, ajouter le cresson (réserver quelques feuilles pour le décor).

7 Laisser cuire 15 min. Lorsque le cresson est cuit, incorporer la crème et mixer l'ensemble.

8 Passer à travers une passoire fine et terminer par le beurre restant coupé en petits morceaux.

9 Cuire les ballottines dans le cuit-vapeur 5 à 6 min.

10 Retirer le film.

11 Servir sur assiette chaude, napper le fond de l'assiette de sauce cressonnière, placer la ballottine et la purée d'ail.

12 Parsemer de fleur de sel et ajouter quelques feuilles de cresson.

Brandade de morue

Ingrédients

- 150 à 200 g de morue par personne,
- 8 cuillerées à soupe d'huile d'olive,
- 2 gousses d'ail,
- 15 cl de crème fraîche,
- quelques croûtons de pain.

4 personnes

30 min

20 min

(+ temps de dessalement)

1 Attention : pour toutes les préparations à base de morue salée, bien opérer de la manière suivante ; placer la morue dans une passoire à pieds (par exemple le panier d'un autocuiseur) de manière qu'elle ne touche pas le fond du récipient : faire tremper dans de l'eau froide pendant 24 h en renouvelant l'eau trois ou quatre fois.

2 Pour faire pocher cette morue dessalée, la placer dans une casserole d'eau froide ; porter doucement à ébullition par légers frémissements ; ne pas faire bouillir (sinon la morue deviendra grise) ; le pochage doit durer 10 min environ ; écumer à plusieurs reprises.

3 Émietter la morue. Dans un plat large et à fond épais, faire chauffer 5 cuillerées d'huile d'olive ; lorsque celle-ci fume, ajouter la morue et deux gousses d'ail écrasées en mélangeant bien avec une cuillère en bois pour obtenir une purée très fine, le tout sur feu très doux (ceci est très important).

4 Incorporer 1 ou 2 cuillerées à soupe d'huile si nécessaire ; ajouter, toujours en mélangeant, 15 cl de crème fraîche.

5 Poivrer et placer sur la brandade dans le plat de service quelques croûtons de pain qui ont été dorés à la poêle avec un peu d'huile.

Menu

Tarte aux poireaux et au comté
•
Brandade de morue
•
Coco des îles

Vin conseillé : Graves blanc

Brochettes de flétan en friture

Ingrédients

- 600 g de filets de flétan (ou autre poisson) coupés en quatre,
- 2 gros oignons,
- 150 g de gruyère coupé en petits cubes.

Pâte à frire

- 3 grosses cuillerées à soupe (65 g) de farine,
- 1 cuillerée à café d'huile,
- 1/2 verre (10 cl) de bière,
- 1 blanc d'œuf,
- sel, poivre,
- 1/2 l d'huile dans une sauteuse.

4 personnes

10 min (+ temps de repos)

5 min

Menu

Bouillon
aux senteurs panachées
●
Brochettes de flétan
en friture
●
Bûche aux marrons

Vin conseillé :
Jurançon sec

1 Préparer la pâte à frire : verser la farine dans une jatte, creuser un puits au centre.

2 Y verser l'huile, sel et poivre.

3 Incorporer petit à petit la bière en remuant jusqu'à obtention d'une pâte lisse.

4 Laisser reposer 1 h pour que la pâte ne se décolle pas du poisson à la cuisson.

5 Fouetter ensuite le blanc d'œuf en neige et le mélanger délicatement dans la pâte.

6 Peler les oignons, les couper en quatre, puis défaire en morceaux.

7 Essuyer soigneusement les filets de poisson avec du papier absorbant.

8 Enfiler sur chaque brochette : des morceaux d'oignons intercalés de petits cubes de gruyère et de filet de poisson.

9 Enrober chaque brochette de pâte à frire avant de la plonger dans l'huile très chaude.

10 En faire frire deux à la fois pendant 4 à 5 min.

11 Les retourner à mi-cuisson et lorsqu'elles sont joliment dorées, les égoutter.

12 Servir avec du riz et une sauce tartare, ou simplement une mayonnaise relevée d'ail.

Cari de thon germon « massalé »

Ingrédients

- 600 g de thon germon,
- 480 g de tomates bien mûres,
- 280 g d'oignons,
- 7 gousses d'ail épluchées,
- 2 brindilles de thym,
- 20 g de gingembre épluché,
- 80 g de pâte de tamarin (en épicerie asiatique),
- 1 cuillerée à café de curcuma en poudre,
- 1/2 cuillerée à café de massalé (mélange d'épices d'origine indienne),
- 1 petit piment,
- 120 g d'huile de friture,
- 2 dl d'eau.

4 personnes

1 h

10 min

1 Tailler le thon en dés réguliers de 3 cm. Mettre la pâte de tamarin à tremper avec l'eau.

2 Au bout de 30 min, passer pour retirer les graines, vous obtiendrez l'eau de tamarin.

3 Hacher les oignons épluchés, écraser les gousses d'ail et le gingembre.

4 Couper les tomates en morceaux. Dans une cocotte à fond épais, verser l'huile et faire revenir les oignons hachés pour qu'ils colorent légèrement.

5 Ajouter les épices, à l'exception du curcuma et du massalé.

6 Ajouter les morceaux de tomates et le thym, remuer pendant 5 min.

7 Saupoudrer de curcuma et de massalé. Mettre dans la cocotte les morceaux de thon.

8 Laisser cuire 5 min en remuant de temps en temps.

9 Ajouter le petit piment écrasé et l'eau de tamarin. Saler. Laisser infuser ainsi hors du feu 5 min.

10 Servir avec du riz créole.

Menu

Quiche Lorraine
•
Cari de thon germon « massalé »
•
Coco des îles

Vin conseillé :
Coteaux
d'Aix-en-Provence rosé

Cotriade des îles

Ingrédients

- 2 kg de poissons divers : congre, lieu, vieille, aiguillette...,
- 450 g de gros sel,
- 30 g de graisse salée ou à défaut de saindoux,
- 100 g d'oignons,
- 500 g de pommes de terre à chair ferme,
- 1 bouquet garni,
- sel, poivre,
- 4 tranches de pain sec,
- 4 l d'eau,
- persil plat haché,
- 1/2 cuillerée à café de poivre noir concassé.

4 personnes

1 h

30 min

Menu

Soupe aux pois
●
Cotriade des îles
●
Pommé de Ya-Ya

Vin conseillé :
Sancerre

1 Vider, écailler, couper têtes et nageoires. Couper les poissons en tronçons réguliers.

2 Les mettre dans un plat et les recouvrir de gros sel.

3 Laisser saler ainsi 2 h. Dans une cocotte, faire revenir dans la graisse salée ou dans le saindoux l'oignon épluché et taillé en rondelles, ajouter l'eau et le poivre noir concassé.

4 À la première ébullition, ajouter les pommes de terre taillées en quartiers.

5 Laisser cuire 15 min. Ajouter les poissons rincés et égouttés.

6 Laisser cuire 10 min. Au bout de ce temps, sortir à l'aide d'une écumoire les poissons et les pommes de terre. Les dresser sur un plat chaud.

7 Saupoudrer de persil. Dans une soupière, ajouter les tranches de pain et verser le bouillon.

Daurades aux mangues et olives noires

Ingrédients

- 2 daurades royales de 500 g,
- 200 g d'olives noires dénoyautées,
- poivre noir,
- 2 gousses de vanille,
- 2 feuilles de laurier,
- 15 cl d'huile d'olive,
- 1 mangue,
- 1 cuillerée à café de vinaigre blanc.

4 personnes

40 min

20 min

menu

1 Écailler, lever et enlever les arêtes des daurades.

2 Réserver au réfrigérateur. Dans une casserole, cuire 100 g d'olives avec le laurier et 25 cl d'eau pendant 20 min.

3 Égoutter puis mixer dans le bol d'un robot avec 5 cl d'huile d'olive et l'intérieur d'une gousse de vanille (les grains uniquement).

4 Vérifier l'assaisonnement puis réserver au chaud.

5 Émincer l'autre partie des olives, les mettre dans une casserole, les recouvrir d'eau et porter à ébullition. Égoutter.

6 Tenir au chaud ces olives dans une casserole avec 5 cl d'huile d'olive, l'intérieur d'une gousse de vanille et cinq tours de moulin à poivre noir (laisser infuser les bâtons de vanille et les retirer au dernier moment).

7 Éplucher la mangue. Couper 100 g en dés réguliers que l'on fera tiédir avec les olives émincées.

8 Récupérer et mixer le reste de la mangue avec le vinaigre et 2 cl d'huile d'olive, un peu d'eau si nécessaire pour avoir la consistance d'un coulis. Réserver au chaud.

9 Faire chauffer une grande poêle avec le restant d'huile d'olive. Cuire les filets de daurade assaisonnés côté peau en premier.

10 Bien colorer la peau pour qu'elle soit croustillante. Retourner puis égoutter sur du papier absorbant.

11 Dresser sur assiette un cordon de coulis d'olives et de coulis de mangue.

12 Disposer le filet de daurade puis recouvrir de garniture d'olive/mangue.

13 Décorer avec les bâtons de vanille et une feuille de laurier.

Daurade aux navets

Ingrédients

- 1 daurade de 1,2 à 1,5 kg,
- 500 g de petits navets très frais,
- le jus de 4 citrons verts,
- 1 citron jaune,
- 1 dose de safran,
- 3 gros oignons émincés,
- 1 cuillerée à soupe
de coriandre en grains,
- 100 g de beurre demi-sel,
- sel, poivre,
- beurre pour le plat.

6 personnes

25 min

45 min

Menu

Traditionnelle saucisse
de Morteau et pommes
de terre en salade
•
Daurade aux navets
•
Madeleines de commercy

Vin conseillé :
Entre-deux-mers blanc

1 Râper les navets à la râpe à carottes. Les faire mariner 30 min avec le jus des citrons verts, du sel et la coriandre.

2 Pendant ce temps, beurrer un plat à four, y coucher la daurade. Délayer le safran dans un tiers de verre d'eau tiède.

3 En arroser le poisson. Couper le citron en rondelles, inciser la peau du flanc de la daurade et y glisser les rondelles de citron.

4 Saler, poivrer et répartir les navets et les oignons autour du poisson.

5 Parsemer de petits morceaux de beurre et faire cuire 45 min dans le four préchauffé à 200 °C.

6 Servir avec une purée d'épinards à la crème ou du riz.

Effeuillé de haddock aux endives

Ingrédients

- 400 g de haddock,
- 1 l de lait (dessalage),
- 1 brindille de thym,
- 1 feuille de laurier,
- 50 cl de fumet de poisson,
- 6 endives,
- 15 g + 10 g de beurre,
- 1 jus de citron,
- 1 pincée de sucre,
- persil plat,
- sel, poivre.

4 personnes

 30 min  25 min

Menu

1 La veille, mettre le haddock à dessaler dans le lait. Le lendemain, le rincer à l'eau froide, retirer la peau.
2 Préparer le fumet de poisson en suivant les conseils indiqués sur la boîte.
3 Éplucher, laver les endives. Les couper en fines lanières (julienne), les citronner. Incorporer de l'eau dans le cuit-vapeur, porter à ébullition, les déposer dans un compartiment.

4 Les cuire pendant 20 min, les retirer, les passer au beurre avec une pincée de sucre, assaisonner.
5 Cuire le haddock pendant 4 à 5 min, puis l'effeuiller (détacher le filet en petits morceaux).
6 Disposer les endives au centre de l'assiette chaude, répartir l'effeuillé de haddock, ajouter un copeau de beurre et terminer par le persil plat.

Soupe de cresson
•
Effeuillé de haddock
aux endives
•
Millassous

Vin conseillé :
Coteau du Roussillon

Ingrédients

- 1 kg de morue salée et séchée,
- 500 g de pommes de terre épluchées,
- 6 œufs entiers,
- 4 gousses d'ail épluchées,
- 1 bouquet garni,
- 1 dl d'huile de noix,
- 1 dl de lait,
- 1 dl de crème,
- citron et croûtons frits,
- sel et poivre du moulin.

Estofinado

4 personnes

40 min   15 min
(+ temps de déssalement)

Menu

Ratatouille de crustacés
●
Estofinado
●
Brioche chaude, raisiné et sorbet au marc de Bourgogne

Vin conseillé :
Côtes de Bordeaux-St-Macaire

1 Dessaler la morue 72 h en changeant l'eau quatre à cinq fois.

2 Cuire les pommes de terre à l'eau non salée. Les sécher légèrement au four avant de les réduire en purée.

3 Cuire deux œufs durs. Cuire la morue à l'eau frémissante additionnée d'un peu de lait, durant 10 min environ.

4 Ôter peau et arêtes, récupérer la chair et l'écraser à la fourchette.

5 Mélanger la chair et la purée avec trois œufs battus en omelette.

6 Ajouter ail et persil haché. Battre cette purée en mélange homogène.

7 Ajouter l'huile de noix puis la crème bouillante, un demi-jus de citron et un œuf dur.

8 Présenter avec les deux œufs durs restant et les croûtons frits.

Filet de grenadier aux krampouz

Ingrédients

- 800 g de filets de grenadier coupés en 6 portions,
- 3 cuillerées à soupe de farine,
- 6 crêpes de blé noir,
- 150 g de beurre demi-sel,
- 2 cuillerées à soupe d'huile,
- sel, poivre.

6 personnes

 20 min
 4 min

Menu

1 Fariner les morceaux de poisson et les secouer pour en rejeter l'excédent. Faire chauffer 1 noix (40 g) de beurre et 1 cuillerée à soupe d'huile dans une poêle sur feu vif.

2 Lorsque le beurre est brûlant et cesse de mousser, y frire le poisson (trois portions à la fois) 2 min de chaque côté.

3 Les installer sur un plat tenu au chaud et rajouter un peu de beurre et d'huile dans la poêle pour frire les trois autres portions.

4 Couper les crêpes de blé noir en lanières (comme des nouilles).

5 Faire chauffer le reste de beurre dans une poêle et y dorer les crêpes en remuant sur feu vif.

6 En entourer les filets de grenadier et servir.

Ingrédients

- 3 belles soles,
- 1 bouquet garni,
- 1 verre de vin blanc,
- 1 l de moules,
- 100 g de crevettes roses,
- 20 cl de crème fraîche,
- 50 g de beurre,
- 1 cuillerée à soupe de farine,
- sel, poivre,
- 1 branche de cerfeuil.

Filets de soles picardes

4 personnes

1 h   10 min

Menu

Soupe flamande au lait
•
Filets de soles picardes
•
Gâteau breton

Vin conseillé :
Pouilly-fuissé

1 Faire lever les filets de soles par votre poissonnier mais garder les parures (têtes et arêtes) pour faire le fumet.

2 Décortiquer les crevettes. Préparer le fumet avec les parures des soles et des crevettes, le bouquet garni, quelques grains de poivre, du sel, un verre de vin blanc et 75 cl d'eau.

3 Laisser frémir pendant 20 min. Filtrer. Rouler les filets de soles.

4 Les maintenir roulés avec une pique en bois. Les faire pocher 4 min dans le fumet.

5 Gratter et laver les moules. Les faire ouvrir à feu vif.

6 Récupérer la chair des coquillages et filtrer le jus de cuisson.

7 Réserver quelques moules et quelques crevettes pour disposer autour des filets de soles tenus au chaud.

8 Préparer la sauce avec le jus de cuisson des moules réduit, le beurre, la farine, faire chauffer 4 ou 5 min, ajouter le restant des moules et des crevettes et terminer par la crème. Saler, poivrer.

9 Napper les filets de sole de cette sauce et parsemer de cerfeuil haché.

Gigot de lotte

Ingrédients

- 1 morceau de lotte de 1 kg,
- 8 à 10 gousses d'ail,
- sarriette,
- thym,
- laurier,
- 4 oignons,
- 4 petites aubergines,
- 2 poivrons rouges,
- 4 tomates,
- 20 cl de vin blanc sec,
- 5 ou 6 cuillerées à soupe d'huile.

6 personnes

1 h   30 min

(+ temps de marinade)

1 Disposer d'un morceau de lotte de 1 kg ; insérer, comme dans un gigot d'agneau, quelques gousses d'ail épluchées de part et d'autre du cartilage central ; arroser d'un filet d'huile d'olive sur chaque face, saupoudrer de sarriette et de thym et laisser mariner 30 min.

2 Émincer quatre oignons, découper (en laissant la peau) en petites rondelles quatre petites aubergines, quatre petites courgettes, deux poivrons rouges.

3 Faire revenir dans de l'huile d'olive les oignons dans la cocotte qui servira pour la cuisson du poisson.

4 Ajouter avec trois gousses d'ail en chemise, tous les légumes ainsi que quatre tomates pelées épépinées et coupées en quatre.

5 Ajouter des herbes (laurier par exemple).

6 Faire mijoter à feu doux pendant 30 min.

7 Poser la lotte dans la cocotte, avec 20 cl de vin blanc sec ; placer au four à 180 °C et faire cuire 20 à 25 min.

Menu

Bouillabaisse
•
Gigot de lotte
•
Douillons aux pommes ou poires

Vin conseillé :
Pouilly-fuissé

Gratin de haddock

Ingrédients

- 500 g de haddock,
- 500 g de pommes de terre farineuses (bintje),
- 1 gros oignon émincé,
- 1 grosse gousse d'ail émincée,
- 1 petit bouquet garni (thym, laurier, persil),
- 1/2 bouteille (40 cl) de vin blanc « gros-plant »,
- 150 g de beurre demi-sel,
- sel, poivre.

4 à 6 personnes

35 min   20 min

Menu

Soupe de légumes au lard
•
Gratin de haddock
•
Landimolles

Vin conseillé :
Gros plant

1 Éplucher les pommes de terre, les couper en rondelles dans une casserole assez large.
2 Ajouter l'ail, l'oignon, le bouquet garni, le vin blanc et de l'eau pour recouvrir les pommes de terre.
3 Faire cuire 20 min à couvert. Puis poser le haddock sur les pommes de terre et laisser cuire encore 10 min.
4 Égoutter sommairement le contenu de la casserole à l'aide du couvercle.
5 Retirer le bouquet garni, la peau et les arêtes du haddock.
6 Passer le tout au moulin à légumes, ou battre tout simplement au fouet dans la casserole.
7 Ajouter environ 100 g de beurre, du poivre et un peu de sel.
8 Mélanger en purée. Mettre dans un plat à gratin.
9 Parsemer de beurre et faire cuire 20 min dans le four préchauffé à 200 °C.
Servir avec une salade.

Lotte
des trois rivières

Ingrédients

- 1,2 kg de filets de lotte coupés en cubes,
- 150 g de beurre demi-sel,
- 3 jaunes d'œufs,
- 6 grosses cuillerées à soupe de crème fraîche épaisse,
- 1/2 verre (10 cl) de porto,
- 1/4 verre (5 cl) d'eau-de-vie de cidre (ou de cognac),
- 1 grand verre de muscadet-sur-lie,
- 3 échalotes finement hachées,
- 1 pincée de piment de Cayenne,
- 1 pincée de noix de muscade râpée,
- 1/2 cuillerée à café de cumin en poudre,
- 1/2 cuillerée à café de paprika,
- 1 cuillerée à café de sauce Worcestershire,
- sel, poivre,
- farine,
- huile d'olive.

6 à 8 personnes

30 min · 20 min

1 Faire chauffer la moitié du beurre dans une sauteuse avec 1 cuillerée à soupe d'huile d'olive.
2 Fariner légèrement les morceaux de lotte et les dorer doucement (3 à 4 min) dans le beurre sur feu doux.
3 Procéder en plusieurs fois afin qu'ils soient saisis et ne rendent pas trop d'eau.
4 Les retirer au fur et à mesure à l'écumoire, les réserver dans un plat à feu.
5 Ajouter le reste du beurre dans la sauteuse, y dorer les échalotes 3 à 4 min en remuant.
6 Mouiller avec le porto, le vin blanc et l'eau-de-vie de cidre.
7 Ajouter les épices, faire mijoter et réduire de moitié en remuant 5 min.
8 Incorporer ensuite la crème fraîche et faire réduire encore en sauce onctueuse et nappante.
9 Placer les jaunes d'œufs dans une jatte, y incorporer la sauce au fouet. La verser sur la lotte.
10 Réchauffer le plat à four moyen à 150 °C pendant 20 min. Accompagner de riz.

Menu

Croquettes de camembert

●

Lotte des trois rivières

●

Biscuit massepain roulé à la mousse de cassis

**Vin conseillé :
Tokay d'Alsace**

Ingrédients

- 4 lisettes (maquereaux),
- 5 tomates bien mûres,
- 1 cuillerée à café de curry doux « Madras »,
- 150 g d'oignon,
- 25 g de beurre,
- p. m. chapelure,
- p. m. sel, poivre.

Maquereaux à la tomate et au curry « Madras »

4 personnes

30 min

30 min

Menu

Flamiche
(tarte aux poireaux)

•

Maquereaux à la tomate
et au curry « Madras »

•

Quatre-quarts de Caroline

Vin conseillé :
Saumur blanc

1 Monder et épépiner les tomates.
2 Faire revenir dans le beurre moussant l'oignon pendant 2 min, ajouter les tomates et le curry. Laisser revenir 5 min.
Préparer les maquereaux :
1 Couper les nageoires, vider, couper les têtes et les lever.

2 Beurrer un plat en terre, disposer dessus les maquereaux.
3 Recouvrir les poissons de la fondue de tomates au curry doux.
4 Saler et poivrer. Saupoudrer de chapelure et arroser d'un peu de beurre fondu. Cuire à 170 °C pendant 20 min.

Minchie de morue des pêcheurs portais

Ingrédients

- 4 filets de morue dessalés,
- 60 g de beurre,
- 15 cl de crème,
- 12 petites pommes de terre nouvelles,
- 1 l de cidre brut,
- 1 échalote,
- 1 oignon,
- 1 gousse d'ail,
- 1 carotte,
- 1 citron,
- 1 bouquet garni,
- 1 cl de vinaigre de cidre,
- 1 petit bouquet de persil plat,
- sel et poivre du moulin.

4 personnes

30 min

30 min

1 La veille, préparer un court-bouillon : éplucher l'échalote, l'oignon, l'ail ; peler, laver la carotte, la couper en quatre, mettre le tout dans une casserole avec le cidre, le bouquet garni, le vinaigre, un filet de citron, sel et poivre.

2 Porter à ébullition et laisser cuire à petit feu pendant 25 min. Passer au chinois et laisser refroidir.

3 Le lendemain, laver et gratter, sans les peler, les pommes de terre nouvelles, les couper en rondelles, puis les mettre à cuire dans le court-bouillon, au bout de 10 min de cuisson, ajouter les filets de morue et laisser cuire encore 10 min, vérifier la cuisson.

4 Retirer une partie du bouillon et verser la Minchie dans un plat creux très chaud.

5 Faire fondre dans une casserole, la crème et le beurre, cuire deux petites minutes, assaisonner.

6 Arroser la morue avec cette sauce et parsemer de peluches de persil.

7 Chacun se sert dans le plat et, dans son assiette chaude, écrase à la fourchette morue et pommes de terre.

Menu

Soupe à l'oseille

●

Minchie de morue des pêcheurs portais

●

Gâteau de pommes et gaudes sablées

Vin conseillé :
Muscadet
des coteaux de Loire

Ingrédients

- 1 kg de morue prête à l'emploi (dessalée),
- 1 kg de pommes de terre,
- 3 gousses d'ail hachées,
- 4 cuillerées à soupe de ciboulette ciselée,
- 3 œufs,
- 2 grosses cuillerées à soupe de crème fraîche,
- 1 verre (20 cl) de lait chaud,
- poivre.

Morue
aux pommes de terr

6 personnes

20 min

20 min

Menu

Salade de coques aux radis roses et aux herbes vertes

•

Morue
aux pommes de terre

•

Millefeuille tiède
de quetsches,
glace à la fleur de pissenlit

Vin conseillé :
Graves blanc

1 Éplucher les pommes de terre, les couper en cubes et les faire cuire à l'eau 15 min.
2 Les égoutter. Mettre la morue dans une casserole d'eau froide.
3 Porter sur feu moyen et au premier frémissement, arrêter la cuisson (la morue bouillie devient sèche et dure).
4 Laisser infuser 10 min, puis égoutter.

5 Ensuite, retirer les arêtes et mélanger aux pommes de terre en écrasant grossièrement le tout à la fourchette.
6 Ajouter la crème fraîche, le hachis d'ail et la ciboulette, les œufs préalablement battus dans un bol, le lait chaud, du poivre. Goûter et saler si nécessaire.
7 Verser dans un plat à four et faire cuire 20 min à 200 °C.

Ragoût de lotte au cidre

Ingrédients

- 1,8 kg de lotte,
- 1,5 kg de pommes de terre,
- 100 g de beurre,
- 2 oignons,
- 1 gousse d'ail,
- 50 cl de cidre brut,
- thym et laurier en poudre,
- sel, poivre.

6 personnes

35 min

25 min

Menu

1 Laver et éplucher les pommes de terre. Les couper en rondelles assez fines.

2 Laver et essuyer la lotte. La couper en morceaux. Saler et poivrer.

3 Peler et hacher les oignons. Peler et écraser à la fourchette la gousse d'ail.

4 Dans une large poêle, faire raidir au beurre les morceaux de poisson. Tenir au chaud.

5 Faire fondre un beau morceau de beurre dans une sauteuse.

6 Y faire cuire doucement les oignons. Ajouter la purée d'ail et les morceaux de lotte.

7 Épicer d'une pincée de thym et de laurier. Recouvrir des pommes de terre finement émincées.

8 Saler et poivrer à nouveau. Arroser à hauteur du cidre coupé d'eau.

9 Parsemer de noisettes de beurre. Couvrir et laisser mijoter doucement pendant 25 min environ. Servir bien chaud.

Mouclade de l'aiguillon
•
Ragoût de lotte au cidre
•
Poiré de Mamm-Gozh

Vin conseillé :
Bourgogne blanc

Raie bouclée au cidre

Ingrédients

- 800 g de raie (en un seul morceau),
- 1 carotte,
- 1 oignon,
- 1 bouquet de persil,
- 1 branchette de thym,
- 1 feuille de laurier,
- 1 bouteille de cidre sec,
- 1 trait de vinaigre de cidre,
- gros sel, poivre en grains.

4 personnes

30 min

20-30 min

Menu

Saucisse de Morteau
en brioche
•
Raie bouclée au cidre
•
Mêlée de pêches
au muscadet

Vin conseillé :
Vin jaune du Jura

1 Peler et couper en rondelles la carotte et l'oignon.

2 Préparer le bouquet garni : laver et lier avec du fil de cuisine la moitié du bouquet de persil, la branchette de thym et la feuille de laurier.

3 Hacher finement l'autre moitié du persil.

4 Verser dans une marmite eau et cidre en quantité égale.

5 Ajouter oignon, carotte, bouquet garni, une poignée de gros sel et quelques grains de poivre.

6 Plonger le morceau de raie avec sa peau dans le court-bouillon et faire cuire à léger frémissement 20 à 30 min.

7 La raie est cuite quand sa peau se détache facilement.

8 La retirer alors du court-bouillon.

9 Égoutter la raie sur une grille.

10 Lui ôter sa peau et ses cartilages.

11 Dresser quatre belles parts sur le plat de service.

12 Parsemer de persil fraîchement haché et maintenir au chaud.

13 Faire brunir et non noircir un beau morceau de beurre dans une poêle. Saler et poivrer.

14 Déglacer la poêle avec un trait de vinaigre.

15 Napper aussitôt le poisson et servir avec quelques pommes vapeur.

Rougets à la crème de céleri et tartinettes de son foie

Ingrédients

● 4 petits rougets de 120 g.

Crème de céleri :
● 1/4 céleri boule,
● 200 dl de lait,
● 200 g de crème fleurette,
● 40 cl de bouillon de légumes,
● sel, poivre.

Tartinettes :
● 40 g de beurre doux tempéré,
● 50 g de pain bis en petites tranches.

Décor :
● pousses de cerfeuil.

4 personnes

 45 min
 5 min

1 Écailler les rougets, lever les filets, retirer les arêtes. Conserver les foies.

Crème de céleri :
1 Éplucher le céleri, le couper en morceaux, le mettre dans une casserole et mouiller à hauteur d'eau et de lait.
2 Faire cuire à feu vif 15 min. Une fois cuit, l'égoutter et le mixer avec le bouillon de légumes la crème ; assaisonner et passer au chinois étamine.

Tartinettes :
1 Dans une poêle avec un peu d'huile, faire « raidir » rapidement les foies.

2 Quand ils sont froids, les écraser à la fourchette, les mélanger avec le beurre, assaisonner.
3 Toaster les tranches de pain, garnir avec le beurre de foie.
4 Cuire les filets assaisonnés à four doux (100 °C), côté peau dessus. Les laisser un peu refroidir en les pressant avec une plaque et un petit poids.

Finitions :
1 Napper les assiettes de crème de céleri, poser dessus en «V» les filets de poisson. Dresser en haut de l'assiette deux tartinettes, décorer de pousses de cerfeuil.

Menu

Salade de pétoncles
●
Rougets à la crème de céleri et tartinettes de son foie
●
Tourte aux prunes

Vin conseillé :
Blanc fumé de Pouilly

Rougets grillés
à la lorientaise

Ingrédients

- 4 rougets vidés et écaillés,
- 1 cuillerée à café de thym émietté,
- 2 cuillerées à soupe d'huile d'olive,
- sel, poivre.

Beurre manié :
- 120 g de beurre demi-sel très mou,
- 1 cuillerée à café légèrement bombée de curry,
- 1 cuillerée à soupe de jus de citron.

4 personnes

15 min

14 min

Menu

Tarte à l'époisses

•

Rougets grillés
à la lorientaise

•

Salade de fruits
à la normande

Vin conseillé :
Sancerre

1 Mélanger le thym avec l'huile d'olive, sel et poivre.
2 En enduire les rougets et laisser reposer 10 min.
3 Les mettre sur le gril et les faire griller 5 à 7 min, selon grosseur, de chaque côté.

4 Servir avec des pommes de terre et un beurre manié.
5 Pour faire le beurre manié, mélanger le curry avec le jus de citron, puis ajouter le beurre.

Saint-pierre à la feuille de laurier, lentilles au jus moutardé

Ingrédients

- 4 filets de saint-pierre de 150 g chacun avec leur peau,
- 8 feuilles de laurier frais,
- 100 g de lentilles cuites,
- 1 jaune d'œuf,
- 2 cuillerées à café de moutarde de Meaux,
- 20 cl de fumet de poisson,
- 20 cl de vin rouge,
- 20 g de riz cuit,
- 1 cuillerée à café de sirop d'érable,
- 20 cl de fond ou de jus de veau,
- 1 petit bouquet de persil simple,
- sel et poivre du moulin.

4 personnes

 30 min
 10 min

1 Dans une casserole, verser le fumet de poisson, le vin rouge et la glace de viande.

2 Porter à ébullition, ajouter le riz et laisser réduire de moitié, passer au chinois et mélanger avec une cuillère à café de moutarde de Meaux, assaisonner et garder au chaud.

3 Préparer une dorure dans un ramequin, mélanger le jaune d'œuf avec la cuillère à café de moutarde.

4 Aligner les filets de saint-pierre sur un plat de service, badigeonner le côté peau au pinceau avec la dorure, puis coller dessus deux feuilles de laurier par filet, arroser de sirop d'érable.

5 Faire fondre le beurre dans une poêle à poisson, saisir les filets du côté peau en premier, laisser colorer et les retourner, terminer la cuisson au four 5 min à 180 °C.

6 Dans des assiettes bien chaudes, déposer deux cuillères de lentilles, placer dessus les filets de saint-pierre, côté chair sur les lentilles, puis verser un cordon de fumet rouge autour.

7 Parsemer de peluches de persil.

Menu

Huîtres chaudes du Chapus
•
Saint-pierre à la feuille de laurier, lentilles au jus de moutarde
•
Terrine de pommes grand-mère

Vin conseillé :
Pouilly-fumé

Saint-pierre au pain d'épice et vinaigre balsamique

Ingrédients

- 1 saint-pierre de 1,8 kg,
- 100 g de pain d'épice,
- 5 cl de vinaigre balsamique,
- 5 cl de jus de rôti,
- 5 cl de beurre noisette,
- + 3 cl pour la cuisson.

4 personnes

30 min

4 min

Menu

Tomates farcies à la pince et l'herbe

•

Saint-pierre au pain d'épice et vinaigre balsamique

•

Soufflé de mirabelle, son coulis et sorbet

Vin conseillé :
Bourgogne aligoté

1 Couper le pain d'épice en petits morceaux, puis le faire sécher au four à 70 °C.
2 Laisser refroidir, puis passer dans un robot pour obtenir une poudre.
3 Lever le saint-pierre en filets. Retirer la peau, laver et éponger les filets.
4 Dans une casserole, réduire le vinaigre balsamique de deux tiers.
5 Ajouter le jus de rôti, puis le beurre noisette. Vérifier l'assaisonnement.
6 Réserver au chaud sans faire bouillir.
7 Assaisonner les filets de saint-pierre. Les rouler dans la poudre de pain d'épice pour les paner.
8 Chauffer à feu moyen le beurre noisette dans une poêle.
9 Colorer les filets 2 min de chaque côté.
10 Dresser sur une assiette avec le jus autour.
On peut accompagner ce plat de quelques épinards au citron confit.

Sardines en château des sables

Ingrédients

- 18 sardines fraîches,
- 3 œufs,
- 150 g de beurre,
- farine,
- poivre et sel,
- 3 cuillerées de persil haché.

4 personnes

20 min

10 min par série

1 Nettoyez, vider et écailler les sardines. Conserver la peau et la tête.

2 Faire durcir les œufs. Ne garder que les jaunes.

3 Les écraser dans un bol avec un peu d'eau pour obtenir une pâte lisse, plutôt liquide.

4 Tremper les sardines une par une dans ce jaune d'œuf, puis les rouler soigneusement dans de la farine étendue sur un torchon, plusieurs fois, afin qu'elles soient bien enveloppées des deux côtés.

5 Mettre dans une poêle un peu de beurre et dès qu'il est chaud, faire frire les sardines, 8 ou 9 à la fois, à feu modéré.

6 Les retourner avec précaution, pour ne pas entamer la couche d'œuf et de farine qui se transforme peu à peu en une jolie croûte dorée.

7 Remettre un peu de beurre pour frire toutes les autres sardines. La cuisson doit durer de 8 à 10 min.

8 D'autre part, faire chauffer dans une petite casserole 80 g de beurre, jusqu'à ce qu'il soit bien mousseux. Saler et poivrer, lui ajouter le hachis de persil.

9 Sur un plat rond et chauffé, dresser les sardines en « château » et verser le beurre persillé par-dessus. Servir aussitôt avec des assiettes chaudes.

Menu

Saucisse de Morteau en brioche
•
Sardines en château des sables
•
Tarte au goumeau

Vin conseillé :
Muscadet

Tacaud à la tomate et à la moutarde aux herbes

Ingrédients

- 4 filets de tacaud de 180 g désarêtés,
- 80 g de beurre doux,
- 10 cl d'huile d'arachide,
- 30 g d'échalotes ciselées,
- 2 g d'ail haché,
- 200 g de tomates pelées et concassées,
- 1 cuillerée à café de thym en poudre,
- 2 cuillerées à café de persil haché,
- 1/2 cuillerée à café de feuilles d'estragon hachées,
- 1 cuillerée à café de cerfeuil haché,
- 1 cuillerée à café de moutarde aux herbes,
- sel, poivre,
- un grand plat beurré allant au four.

4 personnes

 25 min
 10 min

Menu

Rissoles de Saint-Flour
•
Tacaud à la tomate et
à la moutarde aux herbes
•
Petits bigoudens

Vin conseillé :
Entre-deux-mers

1 Préchauffer le four à 200 °C. Dans une petite sauteuse contenant l'huile, faire revenir 5 à 6 min l'échalote et l'ail sans coloration, ajouter les tomates.
2 Laisser cuire doucement 5 min.
3 Après cuisson, ajouter les herbes. Monter avec le beurre et la moutarde aux herbes.

4 Rectifier l'assaisonnement. Disposer les quatre filets de tacaud dans un grand plat beurré et assaisonné.
5 Recouvrir de la sauce. Cuire 7 à 8 min à 200 °C. Servir aussitôt.

Thon cuit et cru au gingembre, échalotes et jus d'ail rôti

- 4 pavés de 100 g de filets de thon rouge,
- 200 g de tartare de thon,
- 100 g d'échalotes,
- 5 cl d'huile d'épices,
- 30 g de gingembre,
- 50 g d'ail,
- 12 cl d'huile d'olive,
- 10 g de cassonade,
- 5 cl de vinaigre de Xérès,
- 35 g de sauce soja,
- 35 g de jus de rôti,
- 3 brins de cerfeuil,
- 3 brins de coriandre,
- sel, poivre.

4 personnes

15 min (+ temps d'infusion)   20 min

1 Éplucher et émincer les échalotes.
2 Les cuire dans une casserole à couvert avec les 5 cl d'huile d'épices et 5 g de gingembre haché, 2 cuillerées à soupe d'eau, un peu de sel et ce pendant 20 min.
3 Une fois cuites, les échalotes deviennent translucides.
4 Réserver au chaud.
5 Dans une casserole, faire chauffer jusqu'à coloration 10 cl d'huile d'olive, l'ail et le gingembre émincés.
6 Infuser 15 min, puis passer.
7 Dans une casserole, faire un caramel avec la cassonade.
8 Déglacer avec le vinaigre.
9 Réduire aux trois quarts, puis ajouter 1 cuillerée à soupe d'eau, la sauce soja et le jus de rôti.

10 Ajouter l'huile sans fouetter. Réserver au chaud.
11 Sortir le tartare de thon du réfrigérateur pour qu'il ne soit pas trop froid.
12 Dans une poêle, colorer, avec 2 cl d'huile d'olive, les pavés de thon salés, poivrés des deux côtés pendant 1 min.
13 Les pavés de thon doivent être chauds, mais surtout pas trop cuits.
14 Dresser sur assiette d'abord les échalotes surmontées d'un pavé de thon, puis du tartare.
15 Disposer la sauce autour. Parsemer de pluches de coriandre et de cerfeuil.

Menu

Salade d'hiver au cidre
•
Thon cuit et cru
au gingembre, échalotes
et jus d'ail rôti
•
Tarte aux myrtilles
de Frasne

Vin conseillé :
Sancerre blanc

Ingrédients

- 600 g de thon en 2 tranches,
- 4 tranches fines de poitrine fumée,
- 1 cuillerée à café d'herbes de Provence,
- sel, poivre,
- huile d'olive.

Ratatouille :
- 1 courgette,
- 1 petite aubergine,
- 1 petit poivron,
- 2 tomates moyennes,
- 2 oignons émincés,
- 2 gousses d'ail hachées,
- 1 cuillerée à café de sucre,
- thym,
- laurier,
- sel, poivre,
- huile d'olive.

4 personnes

 10 min
 30 min

Menu

Roëstis aux œufs cassés

●

Tournedos de thon
à la ratatouille

●

Tarte au sucre

Vin conseillé :
Côtes de Provence

Tournedos de thon la ratatouille

Préparer la ratatouille :
1 Couper la courgette et l'aubergine en petits dés.
2 Ouvrir le poivron et retirer les graines ; tailler la chair en petites lanières.
3 Faire chauffer un fond d'huile d'olive dans une sauteuse et y dorer l'oignon 3 min avant d'ajouter courgette, aubergine et poivron.
4 Dorer le tout encore 5 min.
5 Ajouter les tomates coupées en quatre, l'ail, le sucre, le thym et le laurier. Saler, poivrer, couvrir et faire cuire 30 min sur feu moyen en découvrant 10 min avant la fin de la cuisson.

Préparer les tournedos de thon :
1 Couper les tranches de thon en deux.
2 Retirer peau et arêtes. Entourer chaque tournedos d'une tranche de poitrine fumée fermée par une mini-brochette ou un tour de ficelle.
3 Mélanger sel, poivre et herbes de Provence dans une assiette, y rouler les tournedos.
4 Faire chauffer 2 cuillerées à soupe d'huile d'olive dans une poêle sur feu moyen et y cuire 4 à 5 min les tournedos sur chaque face.
5 Le cœur doit être encore rosé. Servir dans un plat entourés de ratatouille.

Tronçons de sole
aux pousses d'épinards, moules de bouchot, jus de crevette au romarin

Ingrédients

- 1,6 kg de tronçons de sole de 400 g chacun (avec la peau blanche uniquement),
- 30 g de pousses d'épinards,
- 50 g de crevettes grises décortiquées (garder têtes et carapaces),
- 400 g (40 petites) de moules de bouchot décortiquées,
- 5 cl d'huile d'arachide,
- 5 cl de coteaux-de-l'aubance,
- 50 cl d'eau.

Garniture aromatique du fumet :
- 20 g de vert de poireaux,
- 20 g de carottes,
- 30 g d'oignons,
- 2 queues de persil.

Finitions :
- 20 g de beurre doux,
- 5 (4 + 1) brindilles de romarin,
- 1 zeste de citron vert haché.

4 personnes

Menu

1 Faire un fumet en faisant suer la garniture aromatique taillée en mirepoix dans un peu d'huile avec les têtes et les carapaces de crevette.
2 Mouillez de 5 cl de coteaux-de-l'aubance, puis de 50 cl d'eau.
3 Laisser réduire doucement de moitié.
4 Passer au chinois étamine. Réserver.
5 Colorer les tronçons de sole des deux côtés dans une poêle antiadhésive avec un peu d'huile.
6 Terminer la cuisson au four à 150 °C, 7 à 8 min.
7 Pendant ce temps, étuver avec le reste d'huile les pousses d'épinards. Égoutter. Assaisonner.

8 Disposer en corolle au centre d'assiettes chaudes.
9 Poser dessus les tronçons de sole désarêtés à chaud.
10 Faire bouillir le fumet, monter au beurre avec un zeste de citron haché et une brindille de romarin, réchauffer les moules et les crevettes. Assaisonner.
11 Autour du poisson, disposer les moules sans cacher les pousses d'épinards.
12 Disposer dessus le poisson, les crevettes.
13 Décorer chaque assiette d'une brindille de romarin.
14 Napper autour du fumet monté au beurre.

Tarte aux navets
•
Tronçons de sole aux pousses d'épinards, moules de bouchot, jus de crevette au romarin
•
Soupe glacée de pamplemousses, parfum de gentiane
Vin conseillé : Pouilly-fumé

Ingrédients

- 4 pavés de turbot sur l'arête de 400 g chacun,
- 2 kg de têtes et arêtes de turbot.

Garniture aromatique :
- 150 g d'oignons émincés,
- 10 g d'ail écrasé,
- 100 g de vert de poireaux émincés,
- 150 g de carottes émincées,
- eau,
- poivre noir concassé,
- sauce soja épaisse,
- 30 g de beurre.

Garniture d'accompagnement :
- 100 g d'oignons nouveaux cuits à l'eau salée,
- 80 g de carottes nouvelles cuites à l'eau salée,
- 200 g de petites pommes de terre cuites en robe des champs,
- 2 g de persil plat haché,
- 20 g de beurre demi-sel,
- poivre,
- fleur de sel.

Décor :
- pousses de céleri branche.

4 personnes

 30 min  50 min

Menu

Salade de coques aux radis roses et aux herbes vertes

•

Turbot rôti à la broche, légumes du marché et son jus parfumé

•

Tourte aux prunes

Vin conseillé :
Chablis grand cru

Turbot rôti à la broche, légumes du marché et son jus parfumé

1 Faire colorer sur une plaque à rôtir sous un gril les têtes et les arêtes concassées.

2 Quand celles-ci sont bien colorées, ajouter la garniture aromatique.

3 Laisser revenir 2 min à feu vif, déglacer avec un peu de sauce soja.

4 Verser dans un faitout et mouiller à hauteur d'eau. Laisser réduire doucement de moitié.

5 Badigeonner d'un peu d'huile les morceaux de poisson.

6 Cuire à la broche 8 à 10 min à braise soutenue. Au terme de la cuisson, les réserver au chaud.

7 Faire revenir dans un peu de beurre demi-sel et d'eau la garniture d'accompagnement.

8 Assaisonner et saupoudrer de persil plat haché.

9 Lever les filets de poisson à chaud. Assaisonner de poivre et de fleur de sel.

10 Dresser dans des assiettes creuses, disposer autour la garniture.

11 Incorporer en fouettant 30 g de beurre dans 200 g de jus de turbot frémissant. Assaisonner.

12 Napper le jus sur le poisson. Décorer d'une petite pousse de céleri branche.

Fondue franc-comtoise

Ingrédients

- 1,2 kg de comté râpé,
- 1 bouteille de côtes du Jura blanc,
- 1 gousse d'ail,
- 5 cl de kirsch,
- pain en gros cubes.

6 personnes

30 min

15 min

1 Frotter le caquelon avec la gousse d'ail, chauffer avec le vin blanc, ajouter le comté râpé au fur et à mesure en remuant sans cesse jusqu'à ce que la fondue soit bien lisse et homogène.

2 Ajouter le kirsch, un tour de moulin à poivre.

3 Chaque convive trempera ses morceaux de pain dans le caquelon.

Menu

Tourtière de pommes de terre, moules et poireaux au beurre de cidre « Michelle »

•

Fondue franc-comtoise

•

Glace au miel de sapin des Vosges accompagnée de son cake

Vin conseillé :
Côtes du Jura blanc

Ingrédients

- 1,5 kg de chevreau, quartier avant ou gigue, coupé en morceaux,
- 1 gros oignon émincé,
- 2 poignées (250 g) d'oseille fraîche hachée,
- 1 cuillerée à soupe de farine,
- 1/2 cuillerée à café de vinaigre,
- 2 jaunes d'œufs,
- 100 g de beurre + 1 noisette,
- 1 branche de thym,
- 1 feuille de laurier,
- sel, poivre.

6 à 8 personnes

10 min   1 h

Fonds d'artichaut
au chèvre chaud
•
Chevreau à l'oseille
•
Crème brûlée à la chicorée

Vin conseillé :
Corbières

Menu

Chevreau à l'oseille

1 Chauffer le beurre dans une cocotte sur feu vif et y dorer les morceaux de viande avec l'oignon.

2 Saler, poivrer, ajouter le thym et le laurier, saupoudrer de farine.

3 Remuer, puis mouiller avec deux verres (30 cl) d'eau.

4 Couvrir et faire cuire 30 min sur feu doux.

5 Au bout de ce temps, faire fondre l'oseille avec une noisette de beurre dans une poêle 2 à 3 min, puis l'ajouter dans la cocotte.

6 Poursuivre la cuisson encore 30 min. Juste avant de servir : délayer les jaunes d'œufs dans un bol avec le vinaigre et les incorporer rapidement dans la cocotte hors du feu.

7 Accompagner de pommes de terre vapeur.

8 Le chevreau à l'oseille est un plat de printemps servi communément dans les restaurants d'Ussel, le jour où l'on sacrifie les jeunes chevreaux mâles.

Poêlée de chevreau à l'ail

Ingrédients

- 1 kg de viande de chevreau désossée,
- 1 gros oignon,
- 5 gousses d'ail,
- 40 g de beurre,
- 1/2 verre de bouillon,
- 2 cuillerées de vinaigre,
- sel, poivre,
- persil haché.

4 personnes

 30 min
 40 min

1 Couper la viande de chevreau en morceaux réguliers.
2 Éplucher et émincer l'oignon. Hacher l'ail.
3 Dans une grande poêle, chauffer le beurre et faire blondir l'oignon avec la moitié de l'ail haché.
4 Ajouter les morceaux de viande pour les faire revenir jusqu'à ce qu'ils soient bien dorés.

5 Saler et poivrer. Mouiller avec le bouillon et le vinaigre.
6 Couvrir la poêle et finir la cuisson à feu modéré.
7 Au moment de servir, saupoudrer avec le reste de l'ail haché et trois cuillerées de persil.
8 Mélanger, verser dans un plat de service chauffé et servir.

Menu

Œufs meurette
•
Poêlée de chevreau à l'ail
•
Mêlée de pêches au muscadet

Vin conseillé :
Volnay rouge

Desserts

Assiette de fraises en gelée de vin rouge

Ingrédients

- 800 g de fraises,
- 1 bouteille de vin rouge (Bourgogne),
- 200 g de cassonade,
- 1 citron,
- 1 orange,
- 2 feuilles de gélatine (soit 5 g),
- quelques feuilles de menthe,
- 4 ou 5 grains de poivre noir,
- 1 ou 2 feuilles de sauge (ou laurier).

4 personnes

 30 min
 20 min

Menu

Carpaccio de canard
aux dés de foie blond
et céleri, vinaigrette
au jus de truffe
•
Jambonneau au cidre
comme autrefois
•
Assiette de fraises
en gelée de vin rouge

1 Laver, puis équeuter les fraises, les sucrer si nécessaire.

2 Dans une casserole, mettre le vin, le sucre, le citron et l'orange préalablement lavés et coupés en rondelles (avec leur peau), les grains de poivre et la sauge.

3 Faire cuire jusqu'à réduction de moitié.

4 Retirer du feu et passer au tamis.

5 Incorporer à cette préparation les feuilles de gélatine préalablement ramollies à l'eau froide.

6 Ajouter les feuilles de menthe ciselées dans la préparation encore chaude.

7 Faire prendre au réfrigérateur jusqu'à obtenir la consistance d'une gelée molle.
Servir très frais.

Caillebottes

Ingrédients

● 1 l de lait cru entier
(ni traité ni écrémé),
● 10 morceaux de sucre,
● 2 cuillerées à café
de fleur d'oranger liquide
ou 2 cuillerées à café
d'essence de noyau (amande amère),
● 1 cuillerée à soupe de présure
(vendue en pharmacie).

6 personnes

20 min

15 min

1 Verser dans un plat allant au feu le lait dans lequel vous aurez préalablement mélangé le concentré de fleur d'oranger ou d'essence de noyau.

2 Faire tiédir le lait, très légèrement, sans le faire bouillir, en faisant fondre dix morceaux de sucre. Mélanger avec une fourchette.

3 Pour s'assurer de ne pas faire trop chauffer le lait, y plonger un doigt et retirer du feu lorsque le lait devient trop chaud.

4 Hors du feu, couper en damier formant des parts individuelles sans enlever du plat.

5 Remettre sur feu doux jusqu'à ce que se produise une petite ébullition afin que le petit lait sorte à l'intérieur des fissures.

6 Enlever aussitôt du feu et faire refroidir au réfrigérateur.

7 Servir par parts individuelles égouttées du petit lait.

Menu

Cocktail de fruits de mer
●
Poulet aux langoustines
●
Caillebottes

Vin conseillé :
Muscat de Frontignan

Clafoutis renversé de cerises, crème de griottes

Ingrédients

- 4 œufs,
- 170 g de sucre,
- 40 g de farine,
- 15 cl de crème liquide,
- 10 cl de lait,
- 1 gousse de vanille,
- 200 g de cerises noires,
- 20 g de beurre,
- 20 cl de crème de griottes (en épicerie fine),
- quelques cerises fraîches pour la décoration.

8 personnes

 30 min  30 min

Menu

Soupe flamande au lait
●
Sauté de veau marengo
●
Clafoutis renversé de cerises, crème de griottes

Vin conseillé :
Vouvray

1 Faire bouillir la crème et le lait avec la gousse de vanille fendue en deux.

2 Mélanger les œufs avec le sucre et la farine, faire blanchir en fouettant vivement.

3 Verser le mélange lait-crème sur les œufs blanchis.

4 Mettre les cerises entières dans des ramequins beurrés et farinés.

5 Verser l'appareil à clafoutis dessus.

6 Cuire au four environ 30 min à 180 °C.

7 Démouler les clafoutis ; les laisser tiédir.

8 Dresser sur une assiette le clafoutis avec la crème de griottes autour, mettre quelques cerises fraîches en décoration.

Coco des îles

Ingrédients

● 4 œufs,
● 1 banane,
● 5 cl de rhum,
● 120 g de sucre,
● 1 cuillerée à soupe
de crème fouettée,
● 2 cl d'eau.

4 personnes

 30 min
 15 min

1 Casser les œufs comme pour un œuf coque.

2 Séparer les blancs des jaunes. Laver les coquilles.

3 Dans une sauteuse, fouetter les quatre jaunes d'œufs avec 3 cl de rhum, 2 cl d'eau et 80 g de sucre sur un feu doux jusqu'à obtention d'un sabayon.

4 Dans une poêle, faire un caramel à sec avec 40 g de sucre.

5 Ajouter la banane coupée en dés.

6 Déglacer avec 2 cl de rhum, puis débarrasser.

7 Disposer les coquilles sur des coquetiers.

8 Garnir le fond avec la banane et finir de remplir l'œuf avec le sabayon mélangé à la crème fouettée. Servir tiède.

À servir juste avant un dessert ou en accompagnement d'un dessert à base de noix de coco, de chocolat ou de fruits exotiques.

Menu

Palourdes farcies
●
Pintade à la vapeur de cidre, tagliatelles de blé noir au lait
●
Coco des îles

Vin conseillé :
Tavel rosé

Crème brûlée
à la chicorée

Ingrédients

- 3 jaunes d'œufs,
- 30 cl de crème liquide,
- 50 g de sucre en poudre,
- 1 gousse de vanille (ou 1 cuillerée à café de vanille en poudre),
- 1 cuillerée à soupe de lait,
- 2 cuillerées à soupe de chicorée liquide,
- 80 g de cassonade.

4 personnes

 25 min
 25 min

Menu

Gelée de tomates, espuma au basilic
•
Daurades aux mangues et olives noires
•
Crème brûlée à la chicorée

Vin conseillé :
Gamay

1 Fendre la gousse de vanille en deux et récupérer toutes les petites graines en grattant l'intérieur avec un couteau ou utiliser de la vanille en poudre.

2 Mettre dans un saladier les jaunes d'œufs, le sucre en poudre et la vanille.

3 Mélanger l'ensemble au fouet, puis verser la crème, le lait et la chicorée tout en battant le mélange qui devient mousseux.

4 Verser la préparation dans quatre petits plats à gratin en porcelaine ou en terre cuite.

5 Faire cuire 25 min à four doux (100 °C). La crème doit être encore souple au centre et bien prise sur les bords.

6 Laisser refroidir au réfrigérateur au moins 1 h. Sortir les quatre plats, saupoudrer la surface de cassonade et faire caraméliser sous le gril.

7 Bien surveiller la crème pendant cette opération, elle ne doit pas... brûler !

La crème brûlée se sert bien froide, le caramel forme une croûte.

Crème brûlée aux figues et au pain d'épice

Ingrédients

- 40 cl de crème liquide,
- 5 cl de lait entier,
- 5 jaunes d'œufs,
- 1 œuf,
- 100 g de sucre,
- 100 g de figues sèches,
- 50 g de pain d'épice,
- 50 g de cassonade.

4 personnes

30 min

1 h

1 Dans une casserole, porter le lait et la crème à ébullition.

2 Battre les jaunes d'œufs, l'œuf entier et le sucre jusqu'à blanchiment de la préparation.

3 Y ajouter le mélange de lait et de crème et le pain d'épice émietté.

4 Couper les figues en petits morceaux.

5 Disposer les morceaux de figues au fond de petits ramequins (3 cm de haut).

6 Verser dessus la préparation puis mettre à cuire au four à 100 °C au bain-marie pendant 1 h.

7 Quand elles sont cuites, mettre les crèmes au réfrigérateur.

8 Quand elles sont bien froides, les saupoudrer de cassonade et les mettre quelques minutes dans un four à 250 °C sur position « gril » (ou « voûte »).

Menu

Boudin noir sur son lit de pommes
•
Bäeckoffe
•
Crème brûlée aux figues et au pain d'épice

Vin conseillé :
Bourgogne mousseux

Crème caramel de Guenola

Ingrédients

Crème :
- 3/4 de litre de lait frais entier,
- 4 cuillerées à soupe de sucre,
- 1 cuillerée à café d'extrait de vanille,
- 4 œufs + 5 jaunes d'œufs,
- 1 moule à charlotte.

Caramel :
- 14 morceaux (80 g) de sucre,
- 2 cuillerées à soupe d'eau,
- 1/2 cuillerée à café de vinaigre.

6 à 8 personnes

20 min

1 h 10

Menu

Soupe au chou « grasse »

•

Gratin de haddock

•

Crème caramel de Guenola

**Vin conseillé :
Clairette de Die**

1 Préparer un caramel roux clair avec les ingrédients donnés ci-dessus (ou acheter un caramel tout prêt) et en chemiser le moule.

2 Faire chauffer le lait avec le sucre et la vanille.

3 Fouetter les œufs et les jaunes dans une jatte et y verser petit à petit le lait bouillant.

4 Filtrer la crème à travers un tamis fin au-dessus du moule.

5 Poser celui-ci dans un bain-marie chaud (jusqu'aux trois quarts du moule) et faire cuire 70 min à four préchauffé à 160 °C.

6 Laisser refroidir 3 h avant de démouler.

Crème à l'orange

Ingrédients

- 7 œufs,
- 250 g de sucre,
- 75 cl de lait,
- 3 oranges,
- 1 cuillerée à soupe de Grand-Marnier.

10 personnes

45 min

30 min

1 Presser deux oranges et zester la troisième avec un couteau économe.
2 Faire chauffer le lait avec le sucre, le zeste de l'orange.
3 Hors du feu, ajouter le jus d'orange et le Grand-Marnier.
4 Verser les œufs battus en fouettant.

5 Passer la crème au chinois, la verser dans des ramequins, les couvrir d'une feuille d'aluminium.
6 Faire cuire à la vapeur 30 min. Servir la crème fluide. Répartir les quartiers d'oranges.
7 Décorer de zestes d'oranges confites en forme d'hélices.

Menu

Tomates farcies à la pince et l'herbe
●
Filet d'agneau à l'huile d'argan, râpée de chèvre et fruits secs
●
Crème à l'orange

**Vin conseillé :
Vouvray**

Flan au cidre

Ingrédients

- 100 g de farine tamisée,
- 100 g de sucre semoule,
- 3 pommes acides,
- 3 œufs,
- 1 verre de lait,
- 1 verre de cidre doux,
- beurre,
- sucre glace,
- sel.

6 personnes

30 min 40 min

Menu

Soupe aux pois
●
Dinde farcie à la normande
●
Flan au cidre

Boisson conseillée :
Cidre doux

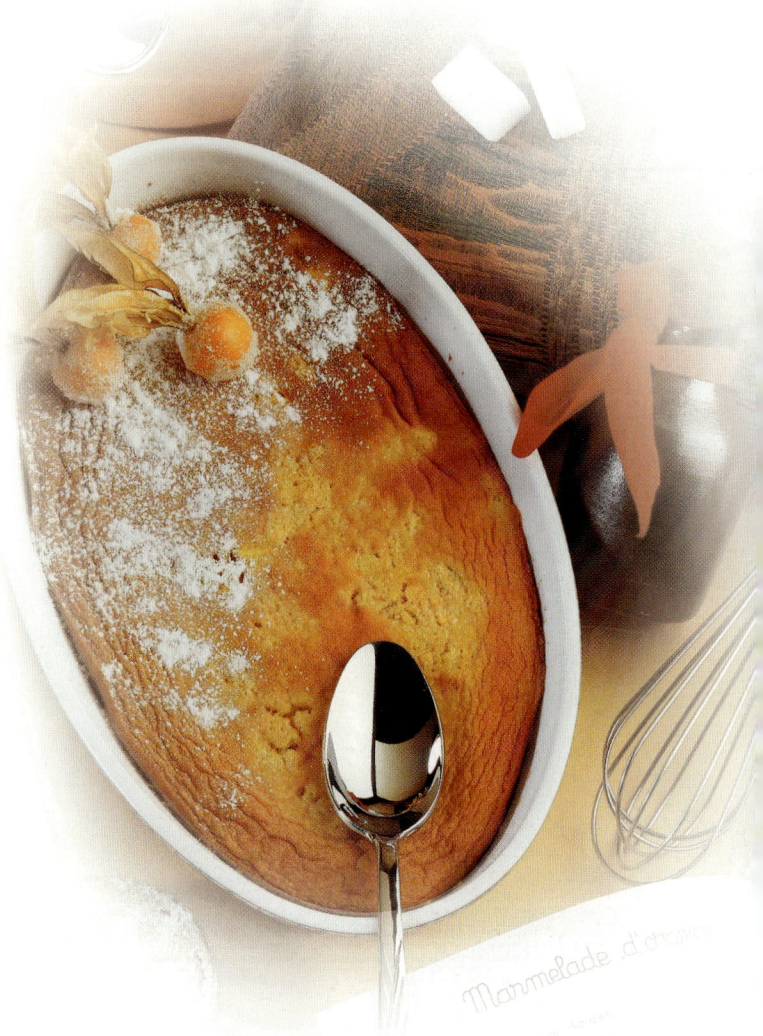

1 Beurrer généreusement un moule à manqué.

2 Éplucher les pommes. Ôter le cœur et râper la chair avec une râpe à fromage.

3 Casser et battre les œufs.

4 Ajouter le sucre et la pincée de sel et fouetter l'ensemble jusqu'à obtenir un mélange bien mousseux.

5 Incorporer délicatement la farine et travailler à la cuillère en bois pour que la pâte soit bien lisse.

6 Ajouter progressivement le lait, puis le cidre. La quantité de liquide à verser dépendra de la qualité de la farine.

7 La pâte doit être fluide, mais surtout pas trop liquide.

8 Incorporer la purée de pomme et verser la préparation dans le moule.

9 Enfourner la préparation pour une cuisson de 40 min à four moyen.

10 Servir ce dessert tiède saupoudré de sucre glace.

Gratin de pommes amandine, caramel de cidre

Ingrédients

- 4 pommes reinettes d'Armorique,
- 75 cl d'eau,
- 325 g de sucre,
- 1 gousse de vanille,
- 1 jus de citron.

Crème d'amandes :
- 60 g de beurre,
- 60 g de sucre,
- 1 œuf,
- 60 g de poudre d'amandes.

Caramel de cidre :
- 2 cuillerées à soupe d'eau,
- 50 g de sucre,
- 10 cl de cidre.

Accompagnement :
- glace vanille.

4 personnes

 1 h
 15 min

Menu

1 Pour la crème d'amandes, travailler le beurre en pommade (le sortir 4 h à l'avance à température ambiante) dans un saladier et le mélanger avec le sucre jusqu'à ce que la préparation blanchisse.

2 Ajouter la poudre d'amandes, puis l'œuf. Mélanger.

3 Éplucher les pommes, les citronner.

4 Préparer dans le cuit-vapeur l'eau, le sucre, la vanille.

5 Porter à ébullition. Y déposer les pommes en quartiers, les cuire en les gardant légèrement croquantes 3 à 4 min.

6 Laisser refroidir. Mettre dans un plat à gratin les pommes, recouvrir d'une fine couche de crème d'amandes.

7 Mettre au four en position gril jusqu'à l'obtention d'une belle coloration uniforme.

8 Pour le caramel, verser le sucre et l'eau dans une casserole.

9 Cuire jusqu'à la coloration blonde.

10 Ajouter le cidre, porter à ébullition, laisser réduire et ajouter la glace à la vanille.

Huîtres chaudes au crémant de Loire

●

Magrets de canard à la murat

●

Gratin de pommes amandine, caramel de cidre

**Vin conseillé :
Saumur pétillant**

Mêlée de pêches au muscadet

Ingrédients

- 8 pêches mûres,
- 1 verre moyen (15 cl) de bon muscadet,
- le jus d'un citron + 1 languette de zeste,
- 6 cuillerées à soupe de sucre.

4 personnes

5 min

aucun

Menu

Œufs meurette
•
Gigot de lotte
•
Mêlée de pêches au muscadet

Vin conseillé :
Coteaux du Layon

1 Verser le vin et le jus de citron dans une jatte.
2 Ajouter le sucre et la languette de zeste.
3 Y couper les pêches en morceaux, de préférence avec la peau.
4 Mélanger et mettre 1 h au frais.
5 Ajouter éventuellement quelques feuilles de menthe fraîche au moment de servir.
6 Peut s'accompagner d'une boule de glace au parfum de votre choix.
7 Servir alors dans des coupes.

Millassous

6 personnes

 15 min  45 min

1 Faire bouillir le lait avec le sucre et le sucre vanillé.

2 Ajouter, hors du feu, la farine de maïs.

3 Remuer vivement, incorporer le beurre.

4 Parfumer au zeste de citron et amalgamer un à un les œufs.

5 Verser cette pâte dans un plat en terre beurré.

6 Faire cuire 45 min dans le four préchauffé à 180 °C.

7 Saupoudrer de sucre glace au sortir du four.

8 Servir tiède accompagné d'une compote de fruits.

Menu

Gougères
•
Civet de volaille au vin chaud
•
Millassous

Vin conseillé :
Vouvray

Ingrédients

- 200 g de chocolat amer,
- 10 cl de café très fort,
- 30 g de cacao en poudre,
- 12 blancs d'œufs,
- 100 g de sucre en poudre.

Mousse au chocolat amer

6 personnes

 30 min
 10 min

Menu

Salade d'andouillette
de Chablis aux beursaudes
•
Tronçons de sole aux pousses
d'épinards, moules
de bouchot
•
Mousse au chocolat amer

Vin conseillé :
Rosé de Provence

1 Casser en petits morceaux dans un bol 200 g de chocolat amer ; ajouter 10 cl de café très fort et chaud et 30 g de cacao (en poudre).
2 Placer dans un bain-marie et mélanger jusqu'à obtenir une pâte, sans grumeaux.
3 Laisser reposer au bain-marie.
4 Battre les blancs d'œufs avec un fouet dans un saladier ; incorporer progressivement 100 g de sucre en poudre dès que les blancs sont « montés » ; battre avec le fouet pour assurer la fermeté du mélange.

5 Dans un autre saladier verser la partie du chocolat restée tiède et environ un quart des blancs montés en neige et bien mélanger ; verser ensuite doucement le reste des blancs en neige en mélangeant très doucement avec une spatule en bois.
6 Laisser refroidir plusieurs heures au réfrigérateur.

Muscadettes aux pommes et pruneaux

caramélisées à la cassonade

Ingrédients

Pour l'hiver :
- 250 g de sucre en poudre,
- 10 œufs,
- 80 cl de crème fleurette,
- 50 cl de muscadet,
- 4 pommes,
- 50 g de beurre clarifié,
- 5 cl de fine Bretagne,
- 16 pruneaux dénoyautés,
- 200 g de cassonade blonde.

Pour l'été :
- Mêmes ingrédients, remplacer les pommes et les pruneaux par 650 g de framboises.

10 personnes

40 min

30 min

5 min au gril

menu

1 Mélanger 250 g de sucre avec six jaunes d'œufs et quatre œufs entiers, ajouter 80 cl de crème fleurette et 20 cl de muscadet.

2 Faire sauter vivement sans les cuire, au beurre clarifié, quatre pommes épluchées, coupées en petits dés et les flamber légèrement à la fine Bretagne.

3 Couper douze beaux pruneaux en quatre après les avoir fait mariner une nuit au muscadet (30 cl).

4 Disposer dans une coupelle individuelle les pommes, pruneaux et l'appareil à flan, cuire à four doux 30 min environ, pour que cela reste moelleux, saupoudrer avec une bonne cuillerée à soupe de cassonade et gratiner, servir tiède ou froid.

Salade d'andouillette aux lentilles vertes et à la doucette

•

Poulet Gaston Gérard

•

Muscadettes aux pommes et pruneaux caramélisées à la cassonade

Vin conseillé :
Saumur

Pommes comme les faisait ma mamie

Ingrédients

- 8 pommes épluchées et creusées,
- 24 petits bâtonnets de cannelle,
- 160 g de sucre en morceaux,
- 8 petites feuilles de laurier,
- 80 g de beurre,
- 40 cl de cidre,
- 8 petites cuillerées de lait concentré non sucré.

8 personnes

30 min

15 min

Menu

Ratatouille de crustacés
●
Poitrine de veau
farcie à l'oseille
●
Pommes comme les faisait
ma mamie

Vin conseillé :
Vin de Loire

1 Dans un plat allant au four, disposer les pommes piquées des bâtonnets de cannelle dans le creux du milieu.

2 Ajouter une feuille de laurier et 10 g de beurre pour chaque pomme.

3 Parsemer de sucre en morceaux, arroser de lait concentré et de calvados.

4 Faire cuire à four chaud (160 °C).

5 Vérifier la cuisson des pommes en y enfonçant la pointe d'un couteau.

6 Déguster bien chaud.

Pommes cuites au cidre

Ingrédients

- 6 pommes bien saines (pommes canadas ou reines des reinettes),
- beurre, miel,
- quelques cerneaux de noix,
- 1 bouteille de cidre doux,
- 1 jatte de crème fraîche.

6 personnes

30 min

15 min

1 Faire chauffer le four à température assez élevée.

2 Laver, essuyer et évider les pommes.

3 Les piquer à la fourchette à plusieurs endroits pour qu'elles n'éclatent pas à la cuisson.

4 Malaxer beurre, miel et quelques cerneaux de noix grossièrement pilés.

5 Garnir le cœur des fruits de cette pommade.

6 Beurrer un plat allant au four. Y ranger les pommes et arroser de cidre.

7 Enfourner et poursuivre la cuisson jusqu'à ce que les pommes se rident et prennent une jolie couleur brun doré.

8 Servir ce dessert bien chaud, accompagné d'une jatte de crème fraîche.

9 C'est fondant et délicieux !

Menu

Rémoulade de céleri, radis noir et Saint-Jacques au beurre de poivrons

•

Poulet de Fouesnant

•

Pommes cuites au cidre

Vin conseillé :
Cidre

Ingrédients

- 8 pommes de Nans-sous-Sainte-Anne,
- 50 g de beurre,
- 500 g de coings,
- 300 g de sucre,
- 1 jus de citron.

8 personnes

 30 min

 50 min

menu

Gougères

•

Rôti de dindonneau
à la sauge
et au vinaigre de miel

•

Pommes de Nans-sous-
Sainte-Anne au four
et sorbet au coing

Vin conseillé :
Vin de paille

Pommes de Nans-sous-Sainte-Anne au four et sorbet au coing

1 Préparer le sorbet.
2 Laver, éplucher et couper les coings en gros cubes.
3 Les mettre dans une casserole et recouvrir d'eau froide.
4 Cuire 25 min environ à couvert.
5 Lorsque les morceaux s'écrasent bien, passer l'ensemble au moulin à légumes.
6 Ajouter le jus de citron et 250 g de sucre.
7 Verser dans la sorbetière pour faire prendre le sorbet.
8 Laver les pommes.
9 À l'aide d'un économe, creuser un trou assez profond afin de retirer la queue et une partie des pépins.
10 Disposer les pommes dans un plat en porcelaine allant au four, ajouter six cuillerées à soupe d'eau.
11 Garnir le creux des pommes d'une noisette de beurre et d'une cuillerée à café de sucre.
12 Enfourner 25 min à 200 °C.
13 À la sortie du four, servir les pommes chaudes avec le sorbet au coing.
14 Accompagner d'un verre de vin de paille.

Sabayon de fruits rouges au monbazillac

Ingrédients

● 800 g de fruits rouges (framboises, mûres, fraises, cassis), rajouter éventuellement du sucre si les fruits ne sont pas assez sucrés,
● 12 jaunes d'œufs,
● 250 g de sucre,
● 50 cl de monbazillac.

12 personnes

20 min

15 min

Menu

1 Dans un bain-marie, travailler les jaunes d'œufs avec le sucre jusqu'à ce que la composition fasse un ruban ; délayer avec le monbazillac.
2 Fouetter la composition, sur le côté du feu, jusqu'à ce qu'elle devienne, en refroidissant, mousseuse et épaisse.

3 Verser cet appareil sur les fruits dans des moules à gratin et passer à la salamandre (ou au gril du four très chaud).
4 Servir immédiatement.

Rissoles de Saint-Flour
●
Poulet en cocotte
●
Sabayon de fruits rouges au monbazillac

Vin conseillé :
Pommeau

Ingrédients

- 3 poires,
- 3 pommes,
- 12 prunes reines-claudes,
- framboises,
- amandes effilées,
- 100 g de sucre,
- 1 verre à liqueur de calvados,
- 25 cl de crème fraîche,
- 10 g de beurre.

4 personnes

1 h 2 min

(+ temps de macération)

Menu

Salade de pétoncles

•

Poêlée de chevreau à l'ail

•

**Salade de fruits
à la normande**

**Vin conseillé :
Rosé d'Arbois**

Salade de fruits à la normande

1 Laver, essuyer et couper en deux les reines-claudes.

2 Jeter les noyaux.

3 Peler les pommes et les poires.

4 Détailler les fruits en lamelles régulières en ayant soin de retirer cœurs et pépins.

5 Nettoyer les framboises (sans les laver).

6 Réunir tous ces fruits dans un joli compotier transparent.

7 Saupoudrer de sucre et arroser de calvados.

8 Remuer avec grande délicatesse pour ne pas abîmer les fruits.

9 Laisser macérer au réfrigérateur pendant deux heures.

10 Faire fondre une noisette de beurre dans une casserole et y mettre les amandes effilées à griller.

11 Agiter énergiquement la casserole pour que les amandes dorent de tous côtés.

12 Napper les fruits de crème fraîche, sans remuer !

13 Décorer d'amandes grillées et servir bien frais.

Salade d'oranges aux fleurs d'oranger et jasmin

Ingrédients

Salade d'oranges :
- 12 oranges,
- 50 cl d'eau,
- 150 g de cassonade,
- 10 cl d'eau de fleur d'oranger.

Coulis d'oranges :
- 2 oranges,
- 150 g de sucre,
- 15 cl d'eau.

Glace au jasmin :
- 25 cl de lait,
- 25 cl de crème liquide,
- 5 jaunes d'œufs,
- 150 g de sucre,
- 2 cuill. à soupe de sirop de jasmin (en épicerie orientale).

Gelée-mousse à la fleur d'oranger :
- 150 g d'eau,
- 150 g de sucre,
- 150 g de jus d'orange,
- 2 cuill. à soupe de fleurs d'oranger,
- 3 feuilles de gélatine.

8 personnes

Salade d'oranges :

1 À l'aide d'un couteau d'office bien tranchant, retirer l'écorce et la peau blanche des oranges, puis lever les quartiers d'oranges toujours sans la peau blanche.
2 Réserver dans un saladier.
3 Préparer le sirop : porter à ébullition l'eau, le sucre et l'eau de fleur d'oranger.
4 Verser le sirop bouillant sur les oranges. Laisser macérer 12 h.

Coulis d'oranges :

1 Couper les oranges en deux.
2 Presser le jus et réserver.
3 Couper les peaux en quatre.
4 Mettre les peaux d'orange dans une casserole et les couvrir à hauteur d'eau froide.
5 Porter à ébullition et égoutter.
6 Renouveler trois fois cette opération.
7 Cuire les peaux d'oranges à petits bouillons dans l'eau et le sucre.
8 Rajouter un peu d'eau au cours de la cuisson si nécessaire.
9 Les peaux d'oranges sont confites lorsqu'elles deviennent translucides.
10 Dans le bol d'un mixer, mixer les oranges confites (sans le sirop) avec le jus d'oranges.
11 Passer au chinois.
12 Réserver au frais.

Glace au jasmin :

1 Dans une casserole, porter le lait et la crème, ainsi que la moitié du sucre à ébullition.
2 Dans un saladier, fouetter vivement les jaunes d'œufs avec le restant de sucre.
3 Verser le mélange jaunes d'œufs/sucre dans le liquide bouillant (feu éteint) tout en fouettant.
4 Ajouter le jasmin.
5 Laisser refroidir, puis turbiner.
6 Réserver au freezer.
7 Je vous conseille de sortir la glace du freezer 1 h avant de la consommer en la gardant au réfrigérateur. Sa texture sera beaucoup plus agréable.

Gelée-mousse à la fleur d'oranger :

1 Tremper les feuilles de gélatine dans de l'eau froide.
2 Porter à ébullition l'eau et le sucre.
3 Ajouter la gélatine essorée.
4 Bien mélanger, puis incorporer le reste des ingrédients.
5 Laisser prendre au réfrigérateur.
6 Fouetter ou mixer, puis remplir le siphon.
7 Mettre le siphon sous pression en mettant des recharges.
8 Réserver au frais.
9 Dresser autour de l'assiette, une cuillerée de coulis et une quenelle de glace.
10 Au centre de l'assiette, les quartiers d'oranges en forme de cylindres remplis avec la mousse de fleurs d'oranger.

Menu

Salade de homard aux poivrons doux, vinaigrette à la lavande
●
Ragoût de lotte au cidre
●
Salade d'oranges aux fleurs d'oranger et jasmin

Vin conseillé :
Côtes de Provence

Soufflé de mirabelle, son coulis et sorbet

Ingrédients

Soufflé :
- 80 g de crème pâtissière,
- 3 jaunes d'œufs,
- 6 blancs d'œufs,
- 100 g de sucre semoule,
- 20 cl d'eau-de-vie de mirabelle,
- beurre,
- sucre glace.

Coulis :
- 200 g de mirabelles dénoyautées,
- 75 g de sucre,
- 2 cl d'eau-de-vie de mirabelle.

Sorbet :
- 500 g de pulpe de mirabelle,
- 375 g de sirop à 30°.

4 personnes

 30 min
 15 min

Menu

Salade de homard
aux poivrons doux,
vinaigrette à la lavande
•
Saint-pierre au pain d'épice
et vinaigre balsamique
•
Soufflé de mirabelle,
son coulis et sorbet

Vin conseillé :
Eau-de-vie de mirabelle

1 Dans un « cul-de-poule », mélanger les jaunes d'œufs à la crème pâtissière en y ajoutant 20 cl d'eau-de-vie de mirabelle.

2 Dans un second cul-de-poule, monter les six blancs d'œufs en neige très ferme en y ajoutant, à la fin, le sucre semoule.

3 Incorporer délicatement les blancs d'œufs à la première masse.

4 Prendre quatre moules individuels à soufflé, les badigeonner de beurre fondu et les passer dans du sucre semoule.

5 Y disposer l'appareil à soufflé pratiquement jusqu'à ras bord : mettre dans un four préchauffé à 175 °C pendant une dizaine de minutes.

6 Sortir du four et saupoudrer de sucre glace.

7 Pour le coulis, cuire les mirabelles 5 min avec un soupçon d'eau et le sucre.

8 Passer au mixeur et rehausser avec 2 cl d'eau-de-vie.

9 Pour le sorbet, prendre les deux ingrédients, réunir intimement les deux masses et passer en sorbetière.

Pour dresser :

1 Disposer sur une assiette avec dentelle le soufflé, une petite cruche de coulis, une coupelle avec la boule de sorbet.

2 Je conseille de faire un petit trou dans le milieu du soufflé et d'y verser le coulis juste au moment de le déguster.

Soufflé aux pruneaux

Ingrédients

- 24 gros pruneaux dénoyautés et très moelleux,
- 250 g de sucre,
- 4 œufs, blancs séparés des jaunes,
- 4 cuillerées à soupe de farine,
- 4 cuillerées à soupe d'armagnac,
- 1 pincée de cannelle en poudre,
- beurre et sucre pour le moule.

6 personnes

1 h   50 min

1 Faire tremper les pruneaux 1 h avec 20 cl d'eau tiède et 125 g de sucre dans une casserole.
2 Ensuite ajouter la cannelle, porter sur le feu et faire chauffer à petits bouillons 30 min.
3 Égoutter les pruneaux (s'il reste du liquide), les réduire en purée, les laisser refroidir.
4 Préparer le soufflé.
5 Tourner les jaunes d'œufs dans une jatte avec le reste de sucre (125 g) jusqu'à ce que le mélange double de volume.
6 Incorporer la farine à travers un tamis, ensuite l'armagnac et les pruneaux.
7 Fouetter les blancs d'œufs en neige ferme avec une pincée de sel.
8 Les ajouter délicatement dans la pâte.
9 Beurrer un moule à soufflé : y verser deux cuillerées à soupe de sucre et faire rouler le moule pour que le sucre adhère au beurre.
10 Verser la pâte dans le moule.
11 Faire cuire 20 min dans le four préchauffé à 200 °C en augmentant la température à 240 °C les dix dernières minutes.
12 Servir immédiatement au sortir du four.

Menu

Quiche lorraine
•
Lapin à l'ail
•
Soufflé aux pruneaux

Vin conseillé :
Saint-Perrey mousseux

Soupe dorée
ou croûtes
aux prunes

Ingrédients

- 8 tranches de brioche rassise (ou de pain),
- 1 œuf entier + 1 jaune,
- 1 sachet de sucre vanillé,
- 1 petite tasse de lait froid,
- 60 g de beurre,
- sucre.

Compote de prunes :
- 500 g de prunes dénoyautées,
- 1/2 jus de citron,
- 100 g de sucre,
- 1 pincée de cannelle en poudre.

4 personnes

 30 min
 25 min

Menu

Crème glacée de concombre
à la menthe
•
Magrets à la clavelière
•
Soupe dorée ou croûtes
aux prunes

Vin conseillé :
Anjou-villages

1 Pour préparer la compote de prunes, faire cuire les fruits 15 min avec le reste des ingrédients. Servir tiède ou froid.

2 Pour préparer les croûtes, verser le lait froid dans une assiette creuse.

3 Battre les œufs à la fourchette avec le sucre vanillé dans une autre assiette.

4 Chauffer un bon morceau de beurre dans une poêle sur feu vif.

5 Tremper rapidement une par une les tranches de brioche dans le lait, puis les passer dans l'œuf battu et les faire frire et dorer dans le beurre chaud.

6 Les disposer au fur et à mesure de leur cuisson sur un grand plat rond.

7 Les poudrer de sucre et les réserver dans le four doux.

8 Pour servir, verser la compote de prunes au centre.

9 La soupe dorée peut se faire avec toutes sortes de compotes de fruits : pêches, brugnons, fraises, etc.

Le mot « soupe » est pris dans son sens ancien de « tranche de pain ».

Soupe glacée de pamplemousses, parfum de gentiane

Ingrédients

- 4 pamplemousses,
- 1 dl de liqueur de gentiane,
- 200 g de sucre.

4 personnes

30 min

2 min

Menu

1 Laver et essuyer les pamplemousses.

2 Peler à vif en réservant l'écorce.

3 Détacher les quartiers de pamplemousses en glissant la lame d'un couteau entre les peaux.

4 Réserver.

5 Blanchir les écorces de pamplemousses en démarrant à l'eau froide.

6 Porter à ébullition, égoutter et renouveler l'opération deux fois.

7 Ajouter 200 g de sucre et recouvrir d'eau, porter à ébullition, cuire 2 min et laisser refroidir.

8 Renouveler l'opération jusqu'à ce que les écorces soient translucides (opération qui demande assez dc temps).

9 Dans les assiettes froides, faire une rosace avec les quartiers de pamplemousses et arroser de liqueur de gentiane.

10 Couper de fines lamelles d'écorces confites et poser sur les quartiers.

11 On peut éventuellement accompagner d'une glace à la gentiane.

Ce dessert apporte beaucoup d'amertume, mais il est très rafraîchissant et digestif.

Tarte aux poireaux et au comté
•
Saint-pierre à la feuille de laurier, lentilles au jus moutardé
•
Soupe glacée de pamplemousses, parfum de gentiane

Vin conseillé :
Rosé de Provence

Ingrédients

- 4 pamplemousses roses,
- 3 jaunes d'œufs,
- 20 cl de Muscadet Côtes de Grandlieu,
- 4 feuilles de menthe,
- 50 g de pignons de pin,
- 20 g de sucre glace.

Décor :
- 4 fraises ou 4 framboises ou autres fruits suivant la saison.

4 personnes

30 min

10 min

Menu

Flamiche (tarte aux poireaux)

•

Rougets à la crème de céleri et tartinettes de son foie

•

Suprêmes de pamplemousses roses au sabayon de muscadet

Vin conseillé :
Muscadet de l'année servi très frais

Suprêmes de pamplemousses roses au sabayon de muscadet et ses pignons de pin

1 Éplucher les pamplemousses à vif et faire des segments sans peau.

2 Les égoutter et les répartir dans quatre assiettes supportant la chaleur.

3 Mettre les jaunes d'œufs et le sucre dans une casserole sur feu doux.

4 Fouetter énergiquement le mélange, jusqu'à ce qu'il devienne homogène et épaississe.

5 Ajouter, par petite quantité, le muscadet.

6 À la fin de l'opération, l'ensemble doit être mousseux et légèrement ferme.

7 Ajouter la menthe ciselée et répartir le mélange sur les segments de pamplemousse.

8 Agrémenter de pignons de pin et passer au gril du four de façon à obtenir une belle coloration.

9 Saupoudrer de sucre glace.

10 Décorer avec une fraise ou une framboise.

Tartare de fruits rouges au jus de groseille

Ingrédients

- 200 g de fraises,
- 50 g de mûres,
- 50 g de framboises,
- 30 g de myrtilles,
- 330 g de groseilles,
- 2 pêches,
- sucre semoule,
- Grand Marnier,
- 20 cl de chantilly.

4 personnes

 30 min

 15 min

Menu

1 Préparer le jus de groseille : mettre dans une casserole 300 g de groseilles et sucrer suivant l'acidité des fruits.
2 Porter le tout à ébullition.
3 Passer au mixeur, puis au tamis fin.
4 Réserver au froid.
5 Laver les fraises, les couper en gros dés.
6 Éplucher les pêches, les couper en gros dés.
7 Couper les mûres en quatre.
8 Mélanger tous ces fruits ; ajouter les framboises entières, ainsi que les myrtilles et les 30 g de groseilles restantes.
9 Sucrer et arroser de Grand Marnier selon votre goût.
10 Bien mélanger.
11 Pour une présentation soignée, verser ce tartare de fruits dans un cercle à tarte individuel, puis ôter le cercle ; décorer avec la chantilly, verser autour le jus de groseille

Pommes de terre charlotte croustillantes à la truite fumée, crème ciboulette
•
Turbot rôti à la broche, légumes du marché et son jus parfumé
•
Tartare de fruits rouges au jus de groseille

Vin conseillé : Jurançon

Ingrédients

- 1,5 l de lait cru,
- 120 g de riz rond,
- 150 g de sucre,
- 1 pincée de sel,
- 1 gousse de vanille,
- 2 cuillerées à café de cannelle,
- 1 feuille de laurier.

10 personnes

10-15 min

20 min

8 h four éteint

Menu

Terrinée de Fierville ou teurgoule

1 Disposer dans une terrine le riz, le laurier, la gousse de vanille fendue, le sucre, le sel et la cannelle.
2 Verser le lait froid dessus, mettre 20 min au four à 240 °C.
3 Éteindre le four sans ouvrir la porte et laisser ainsi 8 h au four.

4 La teurgoule ne doit pas être mise au frais. À cuire en fin de journée chez votre boulanger et à déguster goulûment.

Terrine de pommes grand-mère

Ingrédients

- 2 kg de pommes,
- 220 g de sucre en poudre,
- 170 g de beurre,
- 1 cuillerée à soupe de jus de citron,
- 2 cl de calvados ou 5 cl de pommeau,
- 4 œufs,
- 4 cl de cidre.

4 personnes

20 min — 1 h 10

1 Peler les pommes, ôter cœur et pépins et faire une compote avec le calvados, le jus de citron et le cidre.
2 Dans un four tiède, faire sécher cette compote pendant 30 min.
3 Lui incorporer le sucre en écrasant bien le mélange à la fourchette.
4 Ajouter ensuite 150 g de beurre fondu et les œufs.

5 Mélanger intimement le tout.
6 Beurrer un moule et y verser l'appareil.
7 Faire cuire au bain-marie dans le four préalablement chauffé à 160 °C pendant 40 min environ.
8 Servir cette terrine encore tiède accompagnée d'une sauce anglaise arrosée de miel.

Menu

Bouillon aux senteurs panachées
•
Ballottines de colin cressonnière, purée d'ail
•
Terrine de pommes grand-mère

Vin conseillé :
Cidre brut

Tomates farcies de fruits rouges, crème de tomates et caramel de romarin

Ingrédients

- 18 petites tomates cocktail,
- 9 fraises,
- 18 framboises,
- 18 mûres,
- groseilles,
- cassis,
- groseilles à maquereau,
- myrtilles,
- 200 g de tomates,
- 120 g de sucre,
- 10 cl de vinaigre balsamique,
- 2 branches de romarin haché,
- 10 cl de crème,
- 30 g de sucre glace.

6 personnes

 40 min
 15 min

Menu

Ragoût de moules bouchot
aux flageolets
et saucisse de Morteau

•

Lapin à la moutarde

•

Tomates farcies de fruits
rouges, crème de tomates
et caramel de romarin

Vin conseillé :
Clairette de Die

1 Monder les tomates cocktail, couper le chapeau, vider l'intérieur (que l'on garde).

2 Égoutter sur du papier absorbant.

3 Faire un caramel clair avec 60 g de sucre.

4 Ajouter les 200 g de tomates coupées en morceaux, plus les parures et la moitié de romarin.

5 Réduire de moitié.

6 Ajouter la crème.

7 Réduire à nouveau, mixer, puis passer au chinois.

8 Réserver au frais.

9 Faire un caramel brun avec les 60 g de sucre restant.

10 Déglacer avec le vinaigre balsamique.

11 Ajouter le romarin restant et un demi-verre d'eau.

12 Réduire de moitié et passer au chinois.

13 Réduire à nouveau pour obtenir un sirop très épais et réserver.

14 Farcir les tomates avec les fruits rouges.

15 Poudrer de sucre glace.

16 Replacer le chapeau et les pédoncules.

17 Dresser la crème de tomates et le caramel de romarin sur assiette, puis disposer les tomates.

18 On peut accompagner ce dessert d'un sorbet au yaourt : 50 cl de yaourt liquide et 100 g de sucre.

Aumônières de pommes au calvados

Ingrédients

- 12 petites crêpes flambées au calvados (15 cm de diamètre),
- 2 cuillerées à soupe de crème pâtissière au calvados,
- 3 pommes (Boskoop ou reinettes), coupées en petits dés et confites au sucre et au beurre,
- 20 g de sucre cristal,
- 12 lanières de poireaux (15 cm) cuites quelques secondes à l'eau et égouttées.

4 personnes

20 min

10 min

Menu

1 Étaler les douze crêpes et disposer au milieu de chacune la crème pâtissière et les pommes confites.

2 Refermer chaque crêpe avec la lanière pour former une petite bourse.

3 Arroser de sucre cristal. Passer 3 à 5 min au four (150 °C).

4 Dresser trois aumônières par assiette avec un peu de crème anglaise ou de sorbet aux pommes.

Bigorneaux en mini-bouchées
•
Ailerons de poulet dorés à l'ail
•
Aumônières de pommes au calvados

Vin conseillé :
Rosé de Loire

Beignets de carnaval

Ingrédients

- 450 g de farine,
- 3 œufs,
- 1 pincée de sel,
- 20 g de sucre,
- 60 g de beurre fondu,
- 60 g de saindoux,
- 2 cuillerées à soupe de rhum,
- sucre semoule
ou glace pour finition.

8 personnes

 30 min  10 min

Menu

Bouillabaisse
•
Blanquette de veau
•
Beignets de carnaval

Vin conseillé :
Blanquette de Limoux

1 Pétrir la farine, les œufs, le sucre, la pincée de sel, le beurre fondu, le saindoux et le rhum jusqu'à l'obtention d'une pâte homogène.

2 Sur un plan de travail légèrement fariné, étaler la pâte extrêmement fine.

3 À l'aide d'une petite roulette, découper des losanges, des rectangles, des carrés, etc.

4 Dans une casserole, faire chauffer de l'huile d'arachide ou de tournesol.

5 Frire les beignets par quatre ou cinq dans le bain d'huile chaude.

6 Égoutter sur un papier absorbant et sucrer immédiatement.

Biscuit massepain roulé à la mousse de cassis

Ingrédients

Biscuit :
- 75 g de sucre glace,
- 75 g d'amandes en poudre,
- 40 g de farine (ou fécule),
- 2 œufs,
- 2 blancs d'œufs,
- 10 g de beurre fondu,
- 6 cl de Suze (facultatif).

Mousse de cassis :
- 300 g de baies de cassis,
- 100 g de sucre,
- 10 cl d'eau,
- 5 cl de crème de cassis,
- 3 feuilles de gélatine (soit 7,5 g),
- 20 cl de crème liquide,
- 30 g de sucre glace,
- 80 g de confiture (ou gelée) de cassis.

6 personnes

 40 min    33 min

1 Commencer par faire le biscuit. Pour cela, dans un grand bol, mélanger le sucre glace, la poudre d'amandes et la farine, puis ajouter les deux œufs et le beurre fondu.

2 Monter les blancs d'œufs en neige et les ajouter à la préparation.

3 Recouvrir une plaque allant au four de papier sulfurisé beurré.

4 Étaler la préparation sur une épaisseur de 5 mm et mettre au four à 200 °C pendant 8 min.

5 Pour la mousse de cassis, mettre dans une casserole les baies de cassis, le sucre et l'eau.

6 Faire cuire 15 min à feu doux en écrasant les fruits.

7 Passer au tamis.

8 Ajouter dans cette préparation encore chaude la crème de cassis et les feuilles de gélatine préalablement ramollies à l'eau froide.

9 Réserver au frais jusqu'à épaississement de cette préparation (il ne faut pas qu'elle soit trop ferme).

10 Fouetter la crème liquide et y ajouter le sucre glace pour faire une chantilly.

11 Incorporer cette chantilly à la mousse de cassis.

12 Réserver.

13 Découper les bords du biscuit qui sont trop cuits, puis imbiber le biscuit avec la Suze.

14 Rouler le biscuit en mettant au centre une couche de confiture de cassis, puis continuer avec la mousse.

15 Ce dessert peut être servi frais, mais aussi légèrement glacé (laisser 1 h au congélateur).

16 Une autre suggestion de présentation est de servir ce gâteau meringué. Il faut alors le recouvrir de blancs d'œufs montés et sucrés et le passer 3 min au four très chaud.

Menu

Tourtière de pommes de terre, moules et poireaux au beurre de cidre
•
Navarin d'agneau
•
Biscuit massepain roulé à la mousse de cassis

Vin conseillé :
Beaujolais rosé

Ingrédients

- 4 pommes,
- 150 g de beurre,
- 300 g de farine,
- 1 pincée de sel et de cannelle,
- 1 œuf,
- 2 cuillerées à soupe de gelée de groseilles,
- 1 verre à liqueur de calvados.

4 personnes

 1 h
 30 min

Menu

Soupe à l'oseille
•
Brochettes de flétan en friture
•
Bourdelots haut-normands

Vin conseillé :
Crémant de Loire

DESSERTS pâtisserie

Bourdelots haut-normands

1 Peler, puis évider les pommes.
2 Garnir le cœur de chaque fruit d'un peu de beurre et d'une pincée de cannelle et les faire cuire à feu doux, au four, dans un plat beurré.
3 Dans une terrine, pétrir le beurre coupé en dés, la farine et un peu de sel.
4 Ajouter ensuite de l'eau pour obtenir une pâte plus homogène.
5 Rouler en boule, puis abaisser la pâte au rouleau.
6 La plier en quatre et renouveler l'opération quatre fois.
7 Laisser reposer dans un endroit frais, un bon quart d'heure.
8 Pour finir, étaler la pâte (1/2 cm d'épaisseur) et découper quatre beaux cercles assez larges pour recevoir et envelopper les pommes.
9 Déposer sur chaque cercle une pomme cuite.
10 Délayer la gelée avec un trait de calvados et en emplir le cœur de chaque fruit.
11 Enfermer chaque pomme dans son enveloppe de pâte.
12 Dans un bol, séparer le blanc du jaune de l'œuf et battre celui-ci.
13 Dorer au jaune d'œuf avec un pinceau chaque bourdelot et quadriller tout le tour de la pâte avec une fourchette.
14 Poser les fruits sur une plaque allant au four et faire cuire à four chaud pendant 30 min.
15 Flamber au calvados au moment de servir.

Brioche chaude, raisiné et sorbet au marc de Bourgogne

Ingrédients

Brioche :
- 280 g de farine,
- 5 g de sel,
- 25 g de sucre,
- 10 g de levure de boulanger,
- 3 œufs,
- 150 g de beurre,
- 20 g de beurre fondu.

Raisiné :
- 1,5 kg de raisins,
- 1 kg de pommes,
- 50 g de beurre.

Sorbet :
- 30 cl d'eau,
- 100 g de sucre,
- 10 cl de marc de Bourgogne.

8 personnes

1 h   30 min

(+ temps de repos)

1 Pour faire la brioche, tamiser la farine et faire une fontaine.

2 Y mettre le sel, 25 g de sucre, un œuf et la levure.

3 Mélanger et délayer avec un peu d'eau tiède, puis incorporer deux œufs.

4 Travailler la pâte jusqu'à ce qu'elle se décolle du plan de travail, puis ajouter 150 g de beurre.

5 Faire pousser la pâte à température ambiante pendant 2 h, puis la rompre et la mettre au réfrigérateur pendant 8 h.

6 Recouvrir les parois d'un moule à brioche avec le beurre fondu (se servir d'un pinceau) et un peu de farine, y mettre la pâte.

7 Refaire pousser cette brioche, puis la mettre au four à 180 °C pendant 30 min.

8 Pendant ce temps, faire le raisiné. Mettre 1 kg de raisins dans une bassine à confiture (ou une très grosse casserole) et les écraser grossièrement avec une spatule en bois.

9 Les faire cuire jusqu'à ce qu'ils aient rendu leur jus, puis passer au tamis en pressant bien.

10 Mettre le jus ainsi obtenu dans une casserole et le faire réduire de moitié.

11 Y ajouter les pommes épluchées et coupées en morceaux.

12 Faire cuire à feu doux jusqu'à obtenir un coulis.

13 Réserver au tiède. Pour le sorbet, faire bouillir l'eau et le sucre, puis retirer du feu et ajouter 10 cl de marc de Bourgogne.

14 Turbiner à la sorbetière. Éplucher et épépiner (facultatif) les 500 g de raisins restants, puis les poêler au beurre. Si vous ne pouvez pas faire le sorbet, vous pouvez flamber au marc les raisins poêlés.

15 Servir les tranches de brioche chaude, nappées de raisiné tiède et accompagnées des raisins poêlés et du sorbet.

Brioche vendéenne

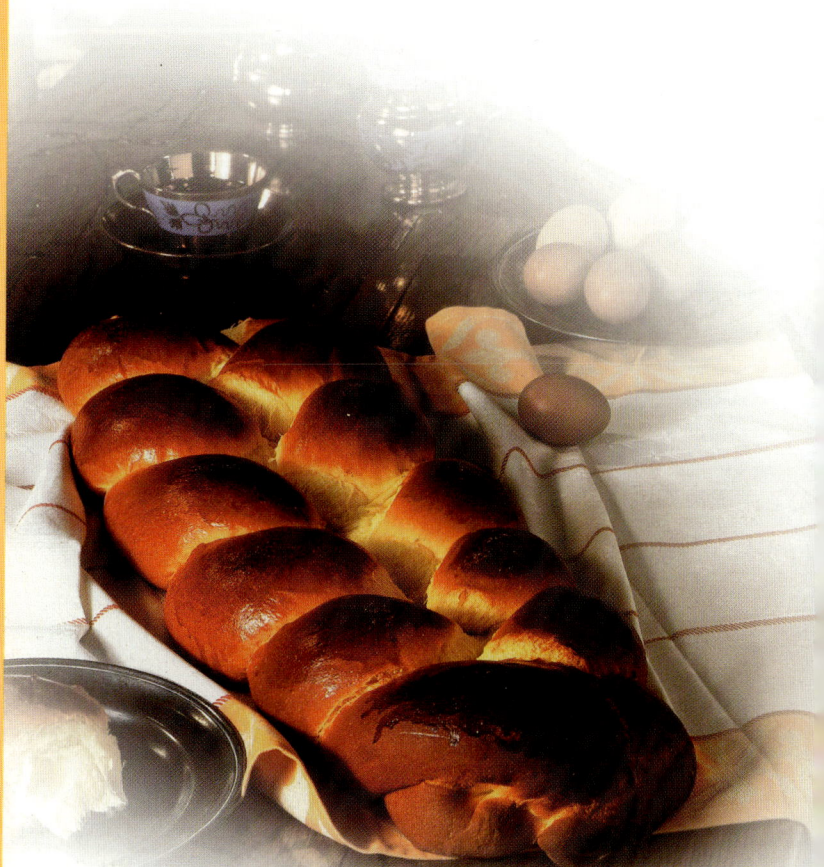

Ingrédients

- 1 kg de farine,
- 1 cuillerée de sel fin,
- 3 œufs plus 1 jaune d'œuf pour dorer,
- 225 g de sucre en poudre,
- 150 g de beurre,
- 3 cuillerées de crème fraîche,
- 25 cl de lait tiède,
- 50 g de levure de boulanger,
- 1 gousse de vanille,
- 2 cuillerées d'eau-de-vie,
- 2 cuillerées à café d'eau de fleur d'oranger.

20 personnes

40 min

45 min

(+ temps de repos)

Menu

Velouté de moules aux poireaux

•

Fondant de canette à la lie de muscadet

•

Brioche vendéenne

Vin conseillé :
Bordeaux clairet rosé

1 Faire bouillir le lait avec la gousse de vanille fendue en deux.
2 Laisser tiédir le lait.
3 Dans une grande terrine, verser la farine tamisée, faire un puits, ajouter le sel, casser les œufs, ajouter le sucre en poudre et le beurre détaillé en petits morceaux.
4 Délayer la levure dans un verre de lait tiède.
5 Travailler la pâte en ajoutant peu à peu le reste du lait.
6 Pétrir soigneusement et longuement la pâte.
7 Dans une jatte, verser la levure délayée dans le lait, l'eau-de-vie, la crème fraîche et l'eau de fleur d'oranger.
8 Ajouter cette préparation à la pâte et la travailler jusqu'à ce qu'elle soit souple et élastique.

9 Couvrir la terrine avec un linge et faire lever pendant 6 h dans un endroit tiède.
10 Ce temps écoulé, fariner la plaque du four. Rompre la pâte et la séparer en trois longs boudins.
11 Les tresser et déposer cette brioche tressée sur la plaque.
12 On peut aussi façonner la brioche en boules accolées.
13 Laisser lever à nouveau pendant 1 h.
14 Dorer la surface de la brioche avec le jaune d'œuf battu.
15 Préchauffer le four à chaleur moyenne à 180 °C. Mettre au four à mi-hauteur et laisser cuire 45 min.

Bûche aux marrons

Ingrédients

- 1 kg de marrons,
- 75 cl de lait,
- 250 g de chocolat en plaque,
- 100 g de beurre,
- 1 cuillerée à soupe de sucre.

10 personnes

2 h 40 min

(+ temps de réfrigération)

Menu

1 Inciser les marrons sur tout leur pourtour en entaillant les deux peaux ; les faire blanchir 2 min dans de l'eau bouillante ; retirer les deux peaux.

2 Porter à ébullition le lait avec le sucre ; y placer les marrons et laisser cuire 30 min à feu doux.

3 Passer lait et marrons à la moulinette en y ajoutant le beurre.

4 Faire fondre la plaque de chocolat dans la cuillerée à soupe d'eau en bain-marie.

5 Lorsque le chocolat est bien fondu, mélanger avec l'eau et mélanger à nouveau cette fois avec la purée de marrons.

6 Placer le tout sur une feuille d'aluminium et façonner un rouleau ; bien refermer la feuille d'aluminium et placer au réfrigérateur.

Marinade de Saint-Jacques au gingembre et citron vert

•

Filets de soles picardes

•

Bûche aux marrons

Vin conseillé :
Vin de Savoie

Charlotte aux fruits rouges

Ingrédients

- 25 biscuits à la cuillère,
- 20 cl d'eau,
- 100 g de sucre,
- 5 cl de crème de fruits rouges.

Garniture :
- 200 g de fraises,
- 200 g de framboises,
- 100 g de baies de cassis,
- 100 g de groseilles,
- 150 g de sucre,
- 10 cl d'eau
(ou de crème de fruits rouges),
- le jus d'un citron,
- 6 feuilles de gélatine (soit 15 g),
- 40 cl de crème liquide,
- 2 cuillerées à soupe
de sucre glace.

8 personnes

 1 h
 15 min

Menu

Omelette
de la mère Poulard
•
Fricandeaux aux blettes
•
Charlotte aux fruits rouges

Vin conseillé :
Côtes du Luberon rouge

1 Dans une casserole, mettre 150 g de sucre et 10 cl d'eau.
2 Porter à ébullition jusqu'à obtenir un sirop. Faire cuire les cassis et les groseilles pendant 15 min.
3 Laver et égoutter les fraises et les framboises.
4 Les réduire en purée et y ajouter le jus de citron.
5 Ramollir les feuilles de gélatine à l'eau froide, les égoutter, puis les incorporer au mélange de cassis et de groseilles.
6 Mélanger le tout à la purée de framboises et de fraises.
7 Réserver. Faire à nouveau un sirop avec 20 cl d'eau et 100 g de sucre.

8 Y ajouter la crème de fruits rouges. Imbiber les biscuits à la cuillère avec ce sirop.
9 Garnir le fond et les parois d'un moule à charlotte avec les biscuits.
10 Monter la crème liquide avec le sucre glace en chantilly.
11 Incorporer la chantilly à la purée de fruits.
12 Remplir le moule de la mousse de fruits et recouvrir de biscuits.
13 Mettre la charlotte au frais. Ce dessert peut être accompagné d'un coulis de fruits rouges ou de glace à la vanille.

Clafoutis aux cerises

Ingrédients

- 500 g de cerises,
- 3 œufs,
- 100 g de sucre,
- 100 g de beurre,
- 50 g de farine,
- autant de fécule,
- 25 cl de lait,
- 1 verre de kirsch.

6 personnes

 15 min
 30 min

Menu

1 Laver et équeuter 500 g de cerises : dans un moule à clafoutis beurré, ranger les cerises les unes contre les autres.

2 Par ailleurs, mélanger deux jaunes d'œufs, ajouter 100 g de sucre, mélanger longuement, ajouter un œuf entier, mélanger.

3 Ajouter 100 g de beurre en pommade, 50 g de farine, 50 g de fécule.

4 Mélanger à nouveau le tout longuement.

5 Ajouter enfin 25 cl de lait et un verre de kirsch.

6 Cet ensemble doit être une pâte très liquide ; la verser sur les cerises dans le moule.

7 Faire cuire environ 30 min à four chaud (180 °C).

Tarte aux navets
•
Filets de grenadier
aux krampouz
•
Clafoutis aux cerises

Vin conseillé :
Crémant d'Alsace

Clafoutis limousin

Ingrédients

- 100 g de farine,
- 100 g de sucre,
- 1 sachet de sucre vanillé,
- 1/3 de litre de lait,
- 3 œufs,
- 30 g de beurre fondu et tiède,
- 1 pincée de sel,
- 500 g de cerises noires équeutées,
- beurre pour le moule,
- sucre glace.

6 personnes

15 min

40 min

Menu

Soupe de cresson

•

Gigot d'agneau
aux fèves fraîches

•

Clafoutis limousin

Vin conseillé :
Bourgueil rouge

1 Verser la farine, le sel et le sucre dans une jatte.
2 Creuser un puits au centre, y placer les œufs.
3 Ajouter le sucre vanillé. Mélanger avec une spatule de bois tout en incorporant petit à petit le lait, de manière à obtenir une pâte homogène et légère.
4 La laisser reposer environ 10 min, puis ajouter le beurre fondu et tiède.

5 Beurrer largement un plat en terre.
6 Y ranger les cerises non dénoyautées en une seule couche, les recouvrir de pâte.
7 Faire cuire 40 min dans le four préchauffé à 200 °C.
8 Saupoudrer de sucre glace à la sortie du four. Déguster tiède.

Couronne de pommes du château de Vendeuvre

Ingrédients

- 3 œufs,
- 125 g de farine,
- 120 g de sucre,
- 100 g de beurre,
- 1 yaourt nature non sucré,
- 1/2 paquet de levure chimique,
- 1 paquet de sucre vanillé,
- 1 poire ou pomme (plus selon la grosseur),
- 10 cl de calvados.

4 personnes

30 min

40-50 min

Menu

1 Battre fortement le sucre et les œufs, ajouter le beurre, le yaourt et le sucre vanillé, terminer en ajoutant la farine et la levure.
2 Couper le fruit avec la peau (sans les pépins) en petits dés et les mélanger à la pâte.
3 Verser dans un grand moule à savarin beurré et sucré.
4 Laisser au-dessus du four chaud 15 min, puis enfourner à four chaud (180 à 200 °C) 40 à 50 min.
5 Déguster à la cuillère encore chaud ou laisser refroidir et démouler.

Ratatouille de crustacés
•
Filet de bœuf stroganof
•
Couronne de pommes du château de Vendeuvre

Vin conseillé :
Saumur pétillant

Cramique

Ingrédients

- 750 g de farine,
- 20 g de levure de boulanger,
- 20 cl de lait,
- 3 œufs entiers,
- 40 g de sucre en poudre,
- 1/2 cuillerée à café de sel,
- 250 g de raisins de Corinthe,
- 180 g de beurre,
- 1 jaune d'œuf.

8 à 10 personnes

20 min
(+ temps de repos)

50-60 min

1 Mettre la farine en fontaine dans un grand saladier. Émietter la levure dans le creux en mélangeant avec le lait tiédi.

2 Laisser reposer 30 min pour obtenir une amorce de levain.

3 Ajouter alors les œufs, le sucre, le sel, le beurre en pommade.

4 Pétrir l'ensemble à la main jusqu'à ce que la pâte se détache des doigts et forme une boule.

5 Couvrir d'un torchon et laisser lever dans un endroit tiède pendant 2 h.

6 Rouler les raisins secs dans un peu de farine, cela leur permettra d'être bien répartis dans toute la pâte et de ne pas tomber au fond du moule.

7 Beurrer et fariner un moule à cake ou à tourtière, selon la forme que vous voulez donner à la cramique.

8 Retravailler la pâte en incorporant les raisins et la mettre dans le moule.

9 La laisser lever pendant 1 h encore. Elle doit arriver en haut du moule.

10 Badigeonner la surface au jaune d'œuf battu avec un pinceau. Faire cuire à four chaud (180 - 200 °C) pendant 50 à 60 min.

Menu

Mouclade de l'aiguillon
•
Filet d'agneau de pays en croûte légère, jus au thym
•
Cramique

Boissons conseillées :
Thé - café

Croustillants de pommes, jus de caramel

Ingrédients

- 4 feuilles de brick,
- 4 pommes golden,
- 30 g de sucre,
- 30 g de beurre,
- sucre glace.

Sauce caramel :
- 125 g de sucre semoule,
- 15 cl de crème liquide.

4 personnes

40 min   15 min

1 Éplucher les pommes golden. Les couper en deux, vider l'intérieur, puis les couper en dés de 1 cm.
2 Mettre dans une poêle les 30 g de beurre.
3 Ajouter les pommes et sucrer. Les laisser bien dorer et les cuire environ 5 min.
4 Les débarrasser en les laissant refroidir.
5 Beurrer les feuilles de brick.
6 Mettre les pommes à l'intérieur et plier en forme de cylindre, beurrer le dessus.
7 Saupoudrer de sucre glace.
8 Mettre au four à 180 °C.

Préparer la sauce caramel :
1 Mettre dans une casserole le sucre semoule, bien le colorer.
2 Incorporer la crème liquide préalablement bouillie.
3 Mélanger les deux appareils pour que la sauce caramel soit bien lisse et nappante.
4 Quand les croustillants sont bien dorés, les dresser sur une assiette avec le jus de caramel autour.

Menu

Velouté aux moules
•
Côtes de veau
à la vapeur de cidre
•
Croustillants de pommes,
jus de caramel

Vin conseillé :
Rosé de Loire

Croustillons de Flers-de-l'Orne

Ingrédients

- 4 blancs d'œufs,
- 200 g de farine,
- 200 g de sucre,
- 100 g de beurre,
- 1/2 paquet de levure,
- 1 gousse de vanille grattée,
- 10 cl de lait.

4 personnes

 15 min
 25 min

Menu

Tarte à l'époisses
•
Entrecôtes au muscadet
•
Croustillons
de Flers-de-l'Orne

Vin conseillé :
Cidre doux

1 Dans une terrine, battre au fouet le beurre fondu tiédi et le sucre.

2 Ajouter la farine, la levure et le lait. Bien mélanger.

3 Incorporer en dernier les blancs d'œufs battus en neige (très délicatement).

4 Déposer sur une plaque beurrée des petits tas de ces croustillons.

5 Faire cuire 25 min à 170 °C.

6 Conserver quelques jours dans une boîte fermée.

Douillons aux pommes ou poires

Ingrédients

- 4 pommes,
- 200 g de pâte feuilletée,
- 50 g de sucre en poudre,
- 50 g de beurre,
- 1 jaune d'œuf,
- 1 pincée de cannelle,
- 25 g de cassonade,
- 1 morceau de peau de pomme séchée.

4 personnes

30 min

45 min

1 Peler les pommes en les laissant entières et les évider pour enlever les pépins à l'aide d'un vide-pomme.

2 Abaisser la pâte feuilletée et la découper en quatre grands carrés.

3 Poser sur chaque carré une pomme.

4 Verser dans le creux un peu de sucre, une parcelle de beurre et saupoudrer d'une pincée de cannelle.

5 Refermer la pâte et souder à l'eau.

6 Dorer chaque douillon avec le jaune d'œuf et faire cuire au four pendant 45 min environ.

7 Au moment de servir, mélanger la cassonade avec la peau de pomme émiettée, en saupoudrer le dessus des douillons et les passer 30 s sous le gril juste pour colorer.

Menu

Soupe de légumes au lard
•
Civet de volaille au vin chaud
•
Douillons aux pommes ou poires

Vin conseillé :
Monbazillac

Far aux pruneaux

Ingrédients

- 250 g environ de pruneaux,
- 125 g de farine,
- 125 g de sucre,
- 2 sachets de sucre vanillé,
- 4 œufs,
- 3 cuillerées à soupe de rhum,
- 1/2 sachet de levure chimique,
- 3/4 de litre de lait entier,
- 1 pincée de sel,
- beurre pour le moule.

6 personnes

 10 min
 40 min

Menu

Tarte à l'époisses
•
Étuvée d'agneau
aux légumes de saison
•
Far aux pruneaux

Vin conseillé :
Saumur rouge

1 Préchauffer le four à 240 °C.
2 Verser la farine dans une jatte, y mélanger le sucre, le sucre vanillé, le sel et la levure chimique.
3 Creuser un puits au centre, y placer les œufs.
4 Tourner le mélange avec une cuillère en bois en commençant par le centre et en incorporant petit à petit la farine.
5 D'autre part, faire chauffer le lait avec le rhum et les pruneaux.
6 Le verser lentement sur la pâte en tournant vivement le mélange et en laissant venir les pruneaux en dernier.
7 Verser le tout dans un moule à manqué beurré et enfourner.
8 Faire cuire 10 min à 240 °C, puis réduire le four à 200 °C, et cuire encore 30 min.
9 Laisser tiédir avant de démouler.

Flognarde aux pommes

Ingrédients

- 60 g de farine,
- 100 g de sucre,
- 75 cl de lait tiède,
- 3 œufs,
- 300 g environ de pommes reinettes,
- 50 g de beurre,
- 2 sachets de sucre vanillé,
- sucre glace,
- sel.

6 personnes

 20 min  30 min

1 Verser la farine, le sucre et le sel dans une jatte.

2 Ajouter les œufs un à un en mélangeant soigneusement à la cuillère en bois pour éviter les grumeaux.

3 Délayer petit à petit avec le lait. Beurrer largement un plat en terre.

4 Peler et émincer finement les pommes.

5 Les disposer dans le plat.

6 Les saupoudrer de sucre vanillé et les parsemer de petits flocons de beurre.

7 Verser la pâte dessus.

8 Faire cuire 30 min dans le four préchauffé à 220 °C.

9 Déguster tiède saupoudré de sucre glace.

Menu

Tourte aux pommes de terre « belle de Fontenay »
•
Épaule d'agneau aux haricots verts
•
Flognarde aux pommes

Vin conseillé :
Saint-Péray mousseux

Fontimassous

Ingrédients

- 250 g de farine,
- 80 g de crème épaisse,
- 50 g de sucre en poudre,
- 2 œufs,
- eau de fleur d'oranger,
- sel,
- huile de friture,
- 50 g de sucre vanillé.

4 personnes

15 min
10 min par série
(+ temps de repos)

Menu

Traditionnelle saucisse de Morteau et pommes de terre en salade
•
Entrecôte au muscadet
•
Fontimassous

Vin conseillé :
Bordeaux clairet rosé

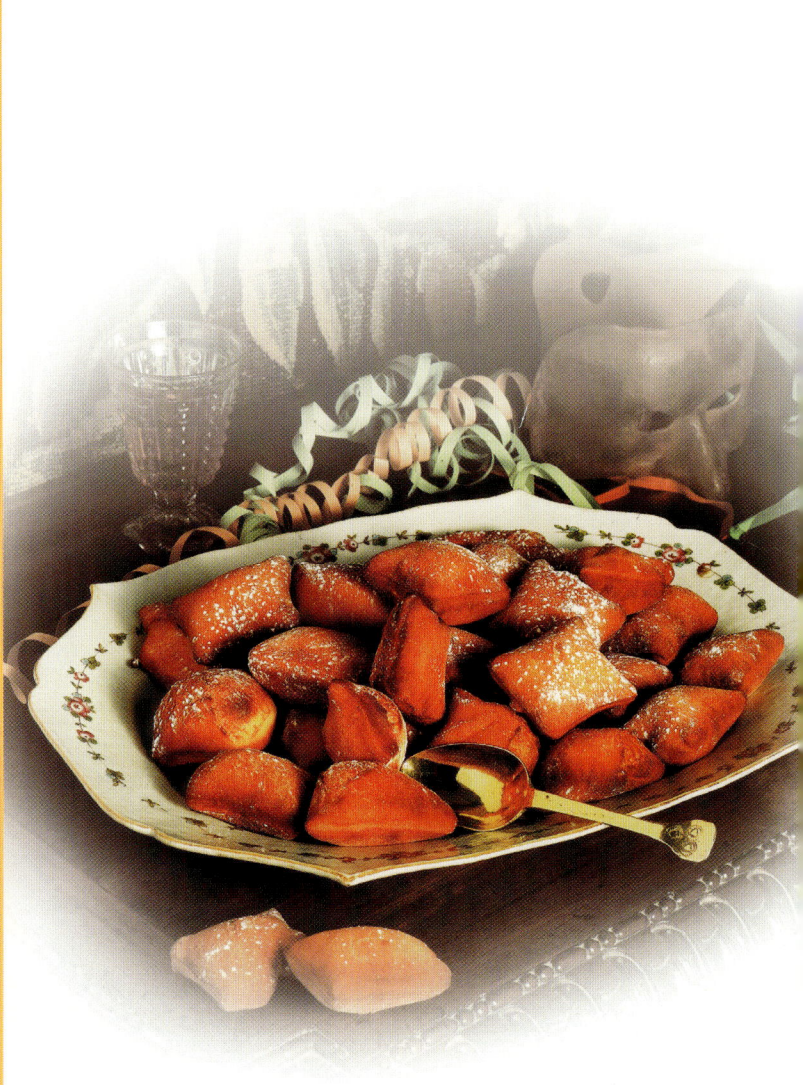

1 Dans une terrine, casser les œufs, verser le sucre en poudre, travailler l'ensemble.

2 Ajouter la crème et travailler à nouveau.

3 Ajouter peu à peu la farine, une demi-cuillerée à café de sel, une cuillerée à café d'eau de fleur d'oranger.

4 Mélanger énergiquement pour obtenir une boule de pâte ferme.

5 Laisser reposer au frais pendant 1 h au moins.

6 Saupoudrer de farine la planche à pâtisserie.

7 Étaler la pâte au rouleau en une abaisse fine.

8 À l'aide d'une roulette à pâtisserie, découper des bandes de pâte de 4 cm de large.

9 Diviser ces bandes en rectangles de 10 cm de long.

10 Faire chauffer l'huile et faire frire les « fontimassous » en les retournant à mi-cuisson pour les dorer des deux côtés.

11 Les retirer de la friture, les éponger sur un papier absorbant, les dresser sur un compotier et les saupoudrer de sucre vanillé.

Galette charentaise

Ingrédients

- 500 g de farine,
- 200 g de sucre,
- 4 œufs,
- 125 g de beurre,
- 1 pincée de sel,
- 1 sachet de sucre vanillé,
- 1 sachet de levure alsacienne,
- fruits confits.

6 personnes

 35 min

20 min

Menu

1 Battre les œufs entiers et le sucre dans une terrine.

2 Ajouter la farine progressivement, puis le beurre ramolli.

3 Travailler la pâte quelques minutes et la placer dans une tourtière préalablement beurrée.

4 Couper en tout petits morceaux les fruits confits et les disperser sur la pâte.

5 Tracer au couteau des lignes verticales dans les deux sens opposés.

6 Saupoudrer de sucre vanillé et mettre au four assez chaud pendant 20 min.

7 La galette peut se manger tiède ou froide.

Encornets farcis
•
Cotriade des îles
•
Galette charentaise

Vin conseillé :
Vouvray pétillant

Gargouilleau

Ingrédients

- 500 g environ de poires, mûres et parfumées,
- 250 g de farine,
- 2 œufs,
- 1 pincée de sel,
- 100 g de sucre + 50 g,
- 1 verre (20 cl) de lait,
- 4 cuillerées à soupe de cognac,
- 1 bonne pincée de cannelle.

6 personnes

 20 min
 45 min

Menu

Fonds d'artichaut
au chèvre chaud

•

Gigot pommes boulangères

•

Gargouilleau

Vin conseillé :
Gamay rouge

1 Peler les poires et les couper en lamelles fines, les saupoudrer avec les 50 g de sucre et la cannelle.
2 Les arroser de cognac. Bien mélanger et laisser macérer le temps de la préparation de la pâte.
3 Verser la farine dans une jatte.
4 Creuser un puits au centre et y placer les œufs, le sucre et le sel.
5 Mélanger avec un fouet tout en incorporant le lait, puis fouetter cette pâte 1 à 2 min.

6 Y ajouter les poires avec leur jus.
7 Beurrer un moule à manqué.
8 Y verser la pâte et faire cuire 45 min, dans le four préchauffé à 200 °C.
9 Démouler tiède et servir.

Gâteau battu

Ingrédients

- 125 g de farine,
- 6 jaunes d'œufs,
- 6 g de sel,
- 50 g de sucre en poudre,
- 25 g de levure de boulanger,
- 150 g de beurre ramolli.

6 personnes

 2 h    30 min

menu

1 Délayer la levure de boulanger dans un peu d'eau tiède.

2 Disposer la farine en fontaine dans une terrine, verser au centre les jaunes d'œufs battus en omelette, puis incorporer, tout en pétrissant, le sel, le sucre, puis la levure.

3 Pétrir la pâte à la main en la battant fortement pendant 15 min, puis incorporer progressivement le beurre ramolli.

4 Continuer de travailler la pâte environ 15 min jusqu'à ce qu'elle se décolle facilement des doigts.

5 La verser alors dans un moule à cône (le moule dit « à gâteau battu ») beurré.

6 Couvrir le moule avec un linge humide et laisser la pâte lever dans un endroit tiède, à l'abri des courants d'air, pendant 1 h à 1 h 30.

7 Faire cuire à 190 °C pendant 30 min dans un four préalablement préchauffé.

8 Démouler le gâteau sur une grille.

Maquereaux marinés
« à la cornouaillaise »
•
Dinde farcie à la normande
•
Gâteau battu

Vin conseillé :
Jurançon moelleux

Gâteau breton

Ingrédients

- 350 g de farine,
- 1 œuf et 5 jaunes d'œufs,
- 300 g de sucre,
- 1 sachet de sucre vanillé,
- 350 g de beurre demi-sel très mou,
- 1 cuillerée à soupe d'eau de fleur d'oranger,
- beurre pour le moule.

Pour dorer le gâteau :
- 1 jaune d'œuf mélangé à 1 cuillerée à café de lait et 1/2 cuillerée à café de sucre.

8 personnes

15 min

45 min

Menu

Croquettes
de camembert
●
Daurade aux navets
●
Gâteau breton

Boisson conseillée :
Cidre bouché

1 Verser la farine dans une grande jatte.
2 Y mélanger le sucre et le sucre vanillé. Creuser un puits au centre et y placer les œufs, le beurre mou et l'eau de fleur d'oranger.
3 Travailler cette pâte à la cuillère en bois juste pour mélanger les ingrédients et en faire une boule.
4 Beurrer largement un moule à manqué ou une tourtière.
5 Préchauffer le four à 180 °C.
6 Installer la pâte dans le moule et l'aplatir.
7 Dorer avec le jaune d'œuf, puis strier la surface de la pâte avec les dents d'une fourchette.
8 Faire cuire 45 à 50 min dans le four. Il doit être blond doré et très moelleux.
9 Laisser refroidir avant de démouler.

Gâteau au chocolat servi tiède

Ingrédients

- 180 g de sucre,
- 5 œufs,
- 135 g de beurre,
- 150 g de chocolat,
- 75 g de farine,
- beurre et cacao pour les moules.

4 à 6 personnes

≥5 min   8 min

1 Fondre au bain-marie le beurre et le chocolat.

2 Tamiser la farine.

3 Fouetter énergiquement les œufs avec le sucre pendant 10 min.

4 Incorporer à cet appareil le beurre et le chocolat fondus (pas trop chaud), puis la farine tamisée.

5 Garnir aux trois quarts des cercles ou petits moules préalablement beurrés et cacaotés avec cet appareil.

6 Cuire à 160 °C pendant 8 min. Les parois du gâteau doivent être cuites et le centre encore liquide.

7 Démouler sur assiette poudrée de cacao.

8 Accompagner ce gâteau au chocolat d'une glace à la vanille et d'une sauce au chocolat.

Menu

Bouriquette
•
Daurades aux navets
•
Gâteau au chocolat
servi tiède

Vin conseillé :
Bourgogne mousseux

Gâteau fouetté de Saint-Lô

Ingrédients

- 100 g de beurre demi-sel,
- 125 g de farine,
- 125 g de sucre roux,
- 15 g de levure de boulanger,
- 4 jaunes d'œufs,
- 1 cuillerée à soupe de crème fraîche,
- 1 cuillerée de calvados.

6 personnes

 30 min
 25 min

Menu

Soupe lutée terre-mer (soupe des grands froids d'hiver)

•

Cannellonis de veau aux petits légumes, vapeur d'herbes aromatiques

•

Gâteau fouetté de Saint-Lô

Boissons conseillées : Thé - café - chocolat

1 Mélanger dans une terrine farine et sucre.

2 Ajouter les jaunes d'œufs battus, puis la levure mélangée dans un peu de lait.

3 Ajouter le beurre fondu, crème et calvados.

4 Bien mélanger pour obtenir une pâte onctueuse.

5 Verser dans un moule assez haut, la pâte ne doit pas remplir plus de la moitié du moule (en hauteur).

6 Disposer dans un endroit tiède pour laisser pousser du double.

7 Une fois bien levé, mettre au four (chaud) 25 à 30 min.

Tout le parfum du calvados enfermé dans un gâteau !

Gâteau glacé aux noix sauce chocolat

Ingrédients

- 50 cl de lait,
- 75 g de farine,
- 4 jaunes d'œufs,
- 300 g de noix hachées,
- 5 cl de liqueur de noix,
- 100 g de sucre,
- 12 blancs d'œufs.

8 personnes

 35 min
 10 min

menu

1 Chauffer le lait, puis la liqueur de noix.

2 Mélanger les jaunes d'œufs avec le sucre.

3 Ajouter la farine tamisée. Mélanger à nouveau.

4 Verser le lait bouillant sur le mélange (jaunes d'œufs, sucre et farine) et cuire le tout comme une crème pâtissière.

5 Une fois cuite, ajouter les noix hachées à la crème pâtissière.

6 Monter les blancs d'œufs avec 200 g de sucre, lorsque les blancs sont bien durs, les incorporer à la crème pâtissière à l'aide d'une spatule.

7 Mouler le tout et passer au congélateur une journée.

8 Pour servir, couper une tranche de gâteau, la mettre sur une assiette et napper de sauce au chocolat tiède.

9 Décorer avec des cerneaux.

Encornets farcis
●
Étuvée d'agneau aux légumes de saison
●
Gâteau glacé aux noix sauce chocolat

Vin conseillé :
Coteaux de Layon

Gâteau nantais

Ingrédients

- 150 g de sucre,
- 125 g de beurre demi-sel mou,
- 100 g d'amandes en poudre,
- 40 g de farine,
- 3 œufs,
- 4 cuillerées à soupe de rhum.

Glaçage :
- 2 cuillerées à soupe de rhum,
- 50 g de sucre glace.

4 à 6 personnes

15 min   45 min

Menu

Salade d'hiver au cidre
•
Parmentier
de porc caramélisé
•
Gâteau nantais

Vin conseillé :
Crémant de Loire

1 Tourner le beurre en mousse avec le sucre (2 à 3 min) dans une jatte ou dans un mixeur à petite vitesse. Ajouter les amandes.

2 Battre les œufs à la fourchette dans un bol et les incorporer petit à petit.

3 Terminer par la farine, puis 2 cuillerées à soupe de rhum.

4 Verser la pâte dans un moule à tarte beurré (en porcelaine à feu de préférence).

5 Faire cuire 45 min dans le four préchauffé à 170 °C.

6 Arroser, dès la sortie du four, avec 2 cuillerées à soupe de rhum mélangé à 2 cuillerées à soupe d'eau.

7 Lorsque le gâteau est bien froid, faire le glaçage : mélanger le sucre glace et le rhum.

8 Ajouter quelques gouttes d'eau si nécessaire, de manière à obtenir un glaçage épais, mais toutefois coulant.

9 Le verser sur le gâteau et bien l'étaler. Ce dernier est encore meilleur le lendemain.

10 Si on désire démouler le gâteau, le faire à la sortie du four et l'arroser ensuite.

Gâteau aux pommes

Ingrédients

- 1 kg de pommes,
- 5 cuillerées à soupe de farine,
- 5 cuillerées à soupe de sucre,
- 2 œufs entiers,
- 100 g de beurre,
- 2 paquets de sucre vanillé,
- une pincée de sel,
- un paquet de levure chimique,
- beurre pour le moule.

8 personnes

 20 min
 45 min

menu

1 Mélanger dans un grand saladier 1 kg de pommes épluchées et coupées en tranches, 5 cuillerées à soupe de farine, la même quantité de sucre, deux œufs entiers, 100 g de beurre, deux paquets de sucre vanillé (ceci est facultatif), une pincée de sel et un paquet de levure chimique.

2 Beurrer un moule ; y placer le mélange.
3 Faire cuire au four à feu moyen pendant 45 min.

Marinade de Saint-Jacques
au gingembre
•
Effeuillé de haddock
aux endives et citrons verts
•
Gâteau aux pommes

Vin conseillé :
Ardois rosé

Gâteau de pommes et gaudes sablées

Ingrédients

Gaudes :
- 3 cuillerées à soupe de lait,
- 70 g de cassonade,
- 1 œuf,
- 1 jaune d'œuf,
- 130 g de beurre,
- 170 g de farine de maïs (si possible grillé).

Gâteau de pommes :
- 1,5 kg de pommes (reinettes si possible),
- 120 g de miel,
- 80 g de beurre.

8 personnes

40 min   4 h + 30 min

Menu

Goyère
•
Poule au blanc
•
Gâteau de pommes
et gaudes sablées

Vin conseillé :
Bourgogne mousseux blanc

1 Commencer par éplucher et vider les pommes en essayant de les garder entières.

2 Les couper en rondelles de 5 mm d'épaisseur.

3 Dans le fond d'un moule à charlotte, disposer les pommes en cercle, les beurrer et remettre un peu de miel.

4 Recouvrir de rondelles de pommes, beurrer et mettre du miel.

5 Renouveler l'opération jusqu'à ce que les pommes dépassent le bord du moule d'une dizaine de centimètres.

6 Pour que les pommes tiennent, recouvrir le tout d'aluminium.

7 Mettre au four au bain-marie à 150 °C pendant 4 h.

Préparer les gaudes :

1 Mettre dans une casserole, 110 g de beurre, le lait et le sucre.

2 Porter à ébullition et ajouter la farine de maïs.

3 Lorsque la préparation est tiède, ajouter l'œuf entier et le jaune d'œuf.

4 Beurrer un moule à tarte avec le beurre restant.

5 Y verser la préparation.

6 Mettre au four à 180 °C pendant 30 min.

7 Lorsque la cuisson est terminée, couper en part.

8 Servir le gâteau de pommes (chaud ou froid) avec les morceaux de gaudes.

Gâteau au sucre

Ingrédients

Pâte :
- 500 g de farine,
- 6 œufs,
- 20 g de levure,
- 10 g de sel,
- 5 cl d'eau,
- 200 g de beurre ramolli,
- 50 g de saindoux.

Appareil :
- 100 g de beurre,
- 150 g de sucre cristallisé,
- 4 œufs,
- 2 cuillerées à soupe d'eau de fleur d'oranger.

4 gâteaux de 25 cm de diamètre

20 min
(+ temps de repos)

20 - 30 min

1 Mettre dans la cuve d'un robot équipé d'un crochet les œufs, la levure émiettée.

2 Faire tourner à grande vitesse quelques secondes.

3 Ajouter la farine et le sel à vitesse moyenne ainsi que l'eau.

4 Lorsque la pâte se décolle de la cuve, ajouter le beurre et le saindoux.

5 Continuer de faire tourner jusqu'à ce que la pâte se détache à nouveau.

6 Laisser reposer environ 2 h à température ambiante.

7 La pâte va doubler de volume.

8 Écraser la pâte et la diviser en quatre.

9 Étendre dans des tôles en relevant les bords.

10 En attendant que la pâte lève (30 min environ), battre légèrement les œufs avec la moitié du sucre.

11 Parsemer le beurre en lichettes en faisant des petits trous dans la pâte, étaler les œufs puis le restant du sucre.

12 Cuire 20 à 30 min à 220 °C.

13 Juste à la sortie du four mettre une giclée d'eau de fleur d'oranger sur chaque gâteau.

menu

Tourin blanchi à l'ail

●

Filet d'agneau à l'huile d'argan râpée de chèvre et fruits secs

●

Gâteau au sucre

**Vin conseillé :
Côte du Jura**

Gaufres

Ingrédients

- 4 œufs,
- 50 cl de crème fraîche,
- 125 g de sucre en poudre,
- 125 g de farine,
- 1 cuillerée à soupe de rhum,
- sucre glace.

6 personnes

 20 min
 5 min

Menu

Huîtres chaudes
de Chapus
•
Daurades aux mangues
et olives noires
•
Gaufres

Boissons conseillées :
Thé - café - chocolat

1 Battre les œufs dans une terrine, ajouter la crème, le rhum, le sucre.

2 Continuer à battre énergiquement en ajoutant la farine tamisée.

3 Vous devez obtenir une pâte ressemblant à la pâte à crêpes, mais plus épaisse.

4 Faire chauffer le gaufrier sur les deux faces préalablement huilées.

5 Faire couler une petite louche de pâte sur une face, à l'intérieur du gaufrier, en prenant soin de bien l'emplir.

6 Fermer, faire cuire pendant 2 min sur chaque face en retournant la gaufre.

7 Saupoudrer de sucre glace et servir avec un pot de gelée de groseilles ou un bol de crème chantilly.

Gougères aux pommes

Ingrédients

- 25 cl de lait,
- 120 g de beurre,
- 150 g de farine,
- 4 œufs,
- 1 pincée de sel,
- 10 g de sucre,
- 50 g de pommes coupées en cube,
- 1 jaune d'œuf,
- 30 g de sucre cassonade.

Compote de pommes :
- 1,2 kg de pommes (reinettes si possible),
- 50 g de beurre,
- 80 g de sucre (un peu plus si les pommes sont trop acides),
- 1 bâton de cannelle.

8 personnes

1 h

1 h 30

1 Dans une casserole, mettre le lait, le sel et 100 g de beurre. Porter à ébullition.

2 Incorporer la farine et dessécher la pâte à feu doux pendant 4 à 5 min jusqu'à ce qu'elle ne colle plus aux parois.

3 Laisser refroidir, puis incorporer les œufs un par un avec une spatule en bois.

4 Ajouter les pommes en cube. Beurrer avec le beurre restant une plaque allant au four.

5 Faire des boules de pâte à l'aide d'une grosse cuillère et les placer sur la plaque.

6 Dorer les boules avec le jaune d'œuf et les saupoudrer de sucre cassonade.

7 Mettre au four à 180 °C pendant 25 min. Faire la compote.

8 Éplucher les pommes et les couper en petits morceaux. Les mettre à cuire à feu doux avec le beurre, le sucre, le bâton de cannelle et un peu d'eau pendant 1 h au moins.

9 Quand les gougères sont cuites, les ouvrir en deux et les farcir de compote de pommes. Servir chaud.

10 On peut accompagner ces gougères de crème fraîche ou de glace à la vanille.

MENU

Tartes fines à la saucisse de Morteau, étuvée de poireaux et œuf poché
•
Tournedos à la devinière
•
Gougères aux pommes

Vin conseillé :
Vouvray demi-sec

Kouign-Amann de Fanch

Ingrédients

- 300 g de farine,
- 15 g de levure de boulanger fraîche,
- 1 verre (18 cl) d'eau tiède (1 cuillerée à soupe d'eau = 2 cl),
- 250 g de beurre demi-sel, d'excellente qualité, ramolli,
- 250 g de sucre,
- 1 cuillerée à café rase de sel.

6 à 8 personnes

 15 min
 20 min
(+ temps de repos)

Menu

Soupe au chou
•
Daube de bœuf
•
Kouign-Amann de Fanch

Vin conseillé :
Cabernet d'Anjou

1 Délayer la levure dans l'eau tiède et laisser gonfler 10 min, puis verser sur la farine dans une jatte, ajouter le sel.
2 Mélanger et battre cette pâte à la main pendant 5 à 10 min.
3 Couvrir la jatte d'un linge et laisser lever la pâte 1 h dans un endroit tiède, jusqu'à ce qu'elle double de volume.
4 Préchauffer le four à 220 °C.
5 Fariner le plan de travail, y étendre la pâte à la main sur environ 2 cm d'épaisseur.
6 Poser 200 g de beurre et 200 g de sucre au centre et ramener les bords de la pâte pour enfermer le tout.
7 La poser alors dans un moule à tarte (de préférence en porcelaine à feu) et ramener à nouveau les bords de la pâte en appuyant avec le poing sur le centre.
8 On a ainsi une petite déclivité au milieu de la pâte.
9 Ramollir 50 g de beurre jusqu'à ce qu'il soit presque fondu et le couler sur la pâte.
10 Saupoudrer de 50 g de sucre et enfourner sur la grille du four.
11 Glisser en dessous la lèche-frite remplie d'eau.
12 Faire cuire 20 min.
13 L'eau dans le four créera une chaleur humide, ce qui donnera un Kouign-Amann moelleux à souhait.

Peut se faire également avec une pâte à pain achetée toute prête.

Landimolles

Ingrédients

- 250 g de farine,
- 30 cl de lait,
- 3 œufs entiers,
- 1 pincée de sel,
- 1 cuillerée à soupe d'huile,
- 20 cl de crème fleurette,
- 5 cl de rhum,
- gelée de groseilles.

6 personnes

20 min

2 min

(+ temps de repos)

1 Mettre la farine dans une terrine et creuser une fontaine au milieu.

2 Ajouter les œufs battus en omelette, le sel.

3 Mélanger en incorporant progressivement le lait froid, pour ne pas faire de grumeaux.

4 Ajouter ensuite la crème et le rhum.

5 Terminer par l'huile.

6 Laisser reposer la pâte pendant 2 h.

7 Faire cuire les crêpes dans une poêle huilée au saindoux (ou une poêle antiadhésive) chaude.

8 Servir les crêpes bien chaudes, saupoudrées de sucre glace ou badigeonnées de gelée de groseilles.

Menu

Huîtres chaudes
au crémant de Loire

•

Côtes de veau
à la vapeur de cidre

•

Landimolles

Vin conseillé :
Rosé

Macarons d'Amiens

20 pièces

30 min

20 min

(+ temps de repos)

Menu

1 Mélanger dans une terrine la poudre d'amandes, le sucre, le miel, la vanille, le jaune d'œuf.
2 Incorporer progressivement les blancs d'œufs.
3 Le mélange doit avoir une consistance proche de la pâte d'amandes. Vous n'aurez peut-être pas besoin de mettre la totalité des blancs.
4 Ajouter la gelée d'abricots et l'extrait d'amandes amères et laisser reposer 8 h au réfrigérateur.

5 Rouler la pâte en un boudin de 4 cm de diamètre, couper des tranches de 2 cm d'épaisseur, les ranger sur une plaque à pâtisserie beurrée.
6 Faire cuire 20 min à four modéré (170 °C), les macarons doivent rester dorés, mais ne pas brunir.

Macarons
des sœurs Macarons

Ingrédients

- 125 g de poudre d'amandes émondées,
- 150 g de sucre,
- 100 g de blancs d'œufs.

20 pièces

40 min

20 min

1 Préparer un sirop au perlé avec 70 g de sucre et un peu d'eau.
2 Le mélanger délicatement à la poudre d'amandes et aux blancs d'œufs.
3 Ajouter le reste du sucre.
4 Mettre l'appareil dans une poche munie d'une douille lisse.
5 Sur un papier sulfurisé beurré, confectionner des petits tas assez espacés.
6 Cuire dans un four à 180 °C pendant environ 20 min.
7 Les sortir et les laisser refroidir sur le papier. Les macarons se décollent alors facilement.

Menu

Cocktail de fruits de mer
•
Cari de thon germon
« massalé »
•
Macarons des sœurs
Macarons

Vin conseillé :
Perlé de rhubarbe

Madeleines de Commercy

Ingrédients

- 150 g de farine,
- 150 g de beurre fin et sec,
- 150 g de sucre,
- 4 œufs,
- 1 zeste d'orange.

24 pièces

30 min

8 min

Menu

Carpaccio de canard
aux dés de foie blond
et céleri vinaigrette
au jus de truffe

•

Carbonade flamande

•

Madeleines de Commercy

Vin conseillé :
Gewurtzraminer
vendanges tardives

1 Faire ramollir le beurre à l'état d'une pommade, bien le travailler.
2 Incorporer le sucre et bien mélanger le tout.
3 Ajouter les œufs un par un.
4 Ajouter la farine avec le zeste d'orange.
5 Laisser reposer la pâte 1 h à température ambiante.

6 Verser la pâte dans des moules beurrés et farinés.
7 Cuire dans un four assez chaud, à 200 °C.
8 En cuisant, la pâte se gonfle et forme une petite bosse.

Madeleines
au miel de sapin

Ingrédients

● 200 g de farine,
● 6 g de levure,
● 180 g de sucre,
● 1 grosse cuillère à soupe
de miel de sapin,
● 4 œufs,
● 200 g de beurre fondu,
● 30 g de beurre mou
pour les moules.

≥4 pièces

15 min

9 min

1 Mélanger la farine et la levure.
2 Faire fondre le beurre et laisser refroidir.
3 Fouetter pendant 5 min les œufs, le sucre et le miel pour faire mousser.
4 Ajouter à cette préparation la farine et le beurre fondu sans cesser de tourner la pâte avec un fouet.

5 Laisser reposer l'appareil au froid pendant 1 h avant cuisson.
6 Déposer dans le creux des moules à madeleines une cuillère à soupe de pâte et mettre à cuire aussitôt à 200 °C pendant 9 min.
7 Cette recette est agréable à réaliser avec des enfants, mais ne pas oublier alors de doubler les proportions. Bonne dégustation !

Menu

Salade à la charcutière
●
Tête de veau sauce gribiche
●
Madeleines au miel de sapin

**Boissons conseillées :
boisson fraîche - thé
café - chocolat**

Meringues aux amandes

Ingrédients

- 100 g de blancs d'œufs,
- 100 g de sucre semoule,
- 100 g de sucre glace tamisé,
- 100 g d'amandes effilées.

40 meringues

10 min

40 min

Menu

Coquilles Saint-Jacques marinées aux asters maritimes et huile de criste-marine

•

Pièce de veau confite aux petits oignons, jus de carotte

•

Meringues aux amandes

**Vin conseillé :
Côtes de Beaune rosé**

1 Monter les blancs d'œufs au batteur électrique en incorporant tout le sucre semoule au fur et à mesure du développement.

2 Continuer de battre les blancs d'œufs pendant 10 min.

3 Mélanger les amandes avec le sucre glace et les incorporer aux blancs d'œufs à l'aide d'une spatule.

4 Dresser les meringues à la petite cuillère sur des plaques légèrement huilées.

5 Cuire 40 min dans un four à 150 °C.

6 Laisser refroidir avant de décoller.

7 Déguster les meringues rapidement, sinon les conserver dans une boîte hermétique.

Milla

Ingrédients

- 50 cl de lait,
- 250 g de farine de maïs,
- 6 cuillerées à soupe de sucre,
- 3 œufs,
- 75 g de beurre fondu,
- 1 pincée de sel,
- 1/2 verre de cognac.

6 personnes

30 min

30 min

Menu

1 Délayer les jaunes d'œufs avec le sucre.

2 Ajouter en pluie la farine, une pincée de sel, le beurre fondu et le cognac.

3 Bien mélanger.

4 Verser sur la préparation le lait tiède et en dernier les blancs battus en neige, en mélangeant délicatement l'ensemble pour obtenir une bouillie homogène sans trop écraser les blancs.

5 Beurrer un plat profond allant au four.

6 Y verser la préparation et faire cuire à feu vif, environ 30 min.

7 Le milla est cuit lorsqu'il se présente avec la base devenue consistante et le dessus comme un flan.

8 Il se déguste chaud.

Soupe de cresson
●
Coq au vin
●
Milla

Vin conseillé :
Coteaux du Layon

Ingrédients

- 500 g de feuilletage,
- 1 kg de quetsches,
- 250 g de sucre,
- 1/2 gousse de vanille,
- 200 g de crème pâtissière,
- 100 g de crème fouettée,
- sucre glace,
- 50 cl de glace
à la fleur de pissenlit,
- menthe fraîche.

Millefeuille tiède de quetsches, glace à la fleur de pissenlit

10 personnes

1 h   35 min

Menu

Huîtres chaudes du Chapus
•
Lotte des trois rivières
•
Millefeuille tiède
de quetsches, glace
à la fleur de pissenlit

Vin conseillé :
Muscat d'Alsace

1 Abaisser la pâte feuilletée sur une plaque à pâtisserie ; cuire dans un four chaud.
2 Sortir du four quand la pâte est bien dorée, découper des carrés de 8 cm de côté : en compter trois par personne.
3 Dénoyauter les quetsches, les couper en deux, les mettre à compoter dans une casserole avec le sucre et une demi-gousse de vanille.
4 Remuer de temps en temps, compter 20 min de cuisson.
5 Débarrasser dans un récipient, extraire la partie liquide que vous servirez en coulis.
6 Réaliser une crème légère en incorporant les 100 g de crème fouettée aux 200 g de crème pâtissière, réserver au réfrigérateur.
7 Réaliser le montage du mille feuille.

8 Mettre le feuilletage à tiédir légèrement.
9 Sur un disque de pâte, disposer une fine couche de crème légère, par-dessus, à l'aide d'une cuillère à soupe, étaler un peu de compote tiède de quetsches ; renouveler une fois l'opération et terminer par la troisième abaisse.
10 Rassembler les six millefeuilles et saupoudrer l'ensemble de sucre glace.
11 Réaliser des petits croisillons à l'aide d'une fine barre de métal rougie à la flamme.
12 Disposer les millefeuilles sur vos assiettes, un peu de coulis de quetsches, accompagné d'une boule de glace à la fleur de pissenlit.
13 Décorer de menthe fraîche.

Pain d'épices

Ingrédients

- 400 g de farine,
- 200 g de sucre en poudre (on peut utiliser de la cassonade),
- 50 g de beurre fondu,
- 1 œuf,
- 1 c. à café de bicarbonate de soude,
- 3 ou 4 c. à soupe de miel,
- 1 ou 2 petites c. à café de poudre d'anis,
- 2 l d'eau tiède.

10 personnes

 35 min  1 h

1 Mélanger le tout, en ajoutant éventuellement des raisins secs et des fruits confits (tout le monde n'aime pas!)

2 Mettre dans un moule à cake garni d'une large bande de papier sulfurisé pour faciliter le démoulage et cuire au four à 190-200 °C pendant 1 h.

3 On peut décorer avec de l'écorce d'orange confite et d'autres fruits en les posant sur le dessus après cuisson quand le pain d'épices est encore chaud, pour qu'ils s'incrustent ; démouler après refroidissement, sans retourner.

4 Ce dessert se conserve plusieurs jours.

Menu

Petites sardines marinées
aux aromates
●
Lapin au miel
●
Pain d'épices

Vin conseillé :
Saint-Chinian rosé

Ingrédients

- 8 tranches de pain doux ou pain au lait rassis,
- 1 œuf + 1 jaune d'œuf,
- 1 sachet de sucre vanillé,
- 1 tasse de lait,
- 100 g environ de beurre demi-sel,
- sucre,
- cannelle.

4 personnes

 30 min
 25 min

Menu

Boudin noir sur son lit de pommes

●

Cannellonis de veau aux petits légumes vapeur d'herbes

●

Pain perdu

Vin conseillé :
Petit vin doux

Pain perdu

1 Battre les œufs à la fourchette dans une assiette creuse avec le sucre vanillé.

2 Verser le lait dans une autre assiette creuse.

3 Chauffer un bon morceau de beurre dans une poêle sur feu vif.

4 Tremper rapidement une par une les tranches de pain doux dans le lait, puis dans l'œuf et les faire frire et dorer dans le beurre chaud.

5 Les ranger au fur et à mesure de leur cuisson sur un plat, les saupoudrer de sucre et de cannelle.

6 Les maintenir au chaud à four doux et ouvert.

7 Les servir avec une compote de fruits.

Pavé aux noix

Ingrédients

- 150 g de cerneaux de noix grossièrement hachés,
- 125 g de sucre,
- 40 g de beurre fondu,
- 75 g de farine,
- 2 œufs,
- 1 cuillerée à soupe de rhum ou d'eau-de-vie,
- 1 pincée de sel.

1 Mélanger dans une jatte les noix hachées et le sucre.
2 Ajouter la farine, les œufs, le rhum, le sel et terminer par le beurre fondu.

3 Verser cette pâte dans un moule à tarte beurré.
4 Faire cuire 25 min dans le four préchauffé à 200 °C.

4 à 6 personnes

20 min

25 min

Menu

Croquettes de camembert
•
Sardines en château des sables
•
Pavé aux noix

Vin conseillé :
Anjou pétillant rosé

Ingrédients

- 300 g de farine,
- 1/2 sachet de levure chimique,
- 150 g de sucre,
- 2 cuillerées à soupe de miel,
- 150 g de beurre demi-sel très mou,
- 4 jaunes d'œufs,
- 3 cuillerées à soupe de crème fraîche épaisse,
- 3 cuillerées à soupe d'eau-de-vie de cidre (facultatif),
- 4 gouttes d'extrait d'amande amère,
- 125 g d'amandes en poudre.

Pour dorer :
- 1 blanc d'œuf battu avec 1 cuillerée à soupe de sucre.

24 pièces

20-30 min

15 min

Menu

Bigorneaux en mini-bouchées
•
Canards sauvages aux cerises
•
Petits bigoudens

Vin conseillé :
Crémant de Loire

Petits bigoudens

1 Mélanger la farine avec la levure chimique et le sucre dans une jatte.

2 Creuser un puits et y déposer : le beurre, le miel, la crème fraîche, les jaunes d'œufs, l'eau-de-vie et l'extrait d'amande amère.

3 Mélanger en pâte homogène, puis ajouter les amandes en poudre.

4 Travailler la pâte à la main pour en former une boule.

5 Laisser reposer 20 min au frais.

6 Préchauffer le four à 200 °C.

7 Étaler la pâte sur 5 mm d'épaisseur sur la table farinée et la découper avec un verre ou un emporte-pièce (par exemple : des petits moules à pâté de sable).

8 Poser ces petits bigoudens sur une tôle beurrée.

9 Les badigeonner au blanc d'œuf et les faire cuire 15 min dans le four.

10 Laisser refroidir avant de les enfermer dans une boîte.

Poiré de Mamm-Gozh

Ingrédients

- 4 œufs,
- 200 g de sucre,
- 100 g de beurre fondu,
- 200 g d'amandes en poudre,
- 3 à 4 gouttes d'extrait d'amandes amères,
- 2 cuillerées à soupe d'alcool de poires,
- 1 bocal de 6 demi-poires au sirop,
- 1 noisette de beurre pour le moule.

6 personnes

15 min

40 min

Menu

1 Battre les œufs en mousse avec le sucre.

2 Y incorporer l'extrait d'amandes amères, le beurre fondu, les amandes en poudre et l'alcool de poires.

3 Beurrer un moule à tarte en porcelaine à feu et y disposer les demi-poires en rosace.

4 Recouvrir avec la pâte en laissant apparaître le dos des poires.

5 Enfourner à four froid et positionner celui-ci sur 160 °C. Laisser cuire 40 min.

6 Servir tiède ou froid.

Ravioles de pommes de terre au jambon fumé, jus de rôti de veau à la sauge

•

Pot-au-feu des anciens

•

Poiré de Mamm-Gozh

Vin conseillé :
Muscat de Frontignan

Pommé de Ya-Ya

Ingrédients

- 500 g de pommes aigrelettes et fondantes (reinettes),
- 3 verres (60 cl) de lait frais entier tiédi,
- 2 verres de sucre,
- 2 verres de farine,
- 2 gros œufs,
- 1 sachet de levure chimique,
- 180 g de beurre demi-sel très mou,
- 1/2 cuillerée à café de sel,
- 1 sachet de sucre vanillé.

6 personnes

 20 min
 30 min

Menu

Poêlée de Saint-Jacques au cidre
●
Poule au pot de Sorges
●
Pommé de Ya-Ya

Vin conseillé :
Saumur champigny

1 Mélanger dans une jatte le sucre, le sel et les œufs en battant avec un fouet.

2 Tourner avec une cuillère de bois et incorporer petit à petit la farine et la levure tamisées.

3 Terminer par le beurre et le lait tiède.

4 Éplucher les pommes, les couper en grosses tranches dans la pâte.

5 Garnir un moule à manqué d'un fond d'aluminium ménager, puis beurrer le tout.

6 Verser la pâte dans le moule et faire cuire le pommé 30 min dans le four préchauffé à 200 °C.

7 Saupoudrer de sucre vanillé au sortir du four.

8 Laisser tiédir avant de démouler. À déguster tiède.

Pompe aux pommes caramélisées

Ingrédients

- 600 g de pâte feuilletée,
- 1 kg de pommes Feuilloux (ou Sainte-Germaine),
- 1 œuf,
- 100 g de sucre,
- 100 g de sucre vanillé,
- 100 g de beurre.

8 personnes

 30 min  30 min

1 Éplucher les pommes, ôter les pépins et couper les pommes en lamelles.

2 Faire fondre le beurre. Ajouter les sucres et faire caraméliser tout en remuant.

3 Ajouter aussi les pommes et laisser cuire à feu doux jusqu'à obtention d'une marmelade.

4 Laisser refroidir.

5 Diviser la pâte feuilletée en deux parts égales et étaler deux abaisses rondes ou rectangulaires.

6 Placer une étale sur plaque pâtissière revêtue de papier aluminium.

7 Garnir de pommes caramélisées en ménageant une bordure de 2 cm sur tout le pourtour.

8 Enduire d'œuf battu et recouvrir la marmelade de la seconde abaisse.

9 Dorer la pâte et enfourner à 180 °C durant 35 à 40 min.

10 Déguster tiède.

Menu

Tarte à l'époisses
•
Poulet de Bresse mariné au citron
•
Pompe aux pommes caramélisées

**Boisson conseillée :
Cidre bouché**

Quatre-quarts de Caroline

Ingrédients

- 4 œufs (calibre 55) à température tiède,
- 225 g de beurre mou,
- 225 g de sucre,
- 225 g de farine à gâteaux avec levure incorporée,
- 1 citron non traité,
- 1 pincée de sel.

6 à 8 personnes

20 min

35-45 min

Menu

Fonds d'artichaut au chèvre chaud
●
Chevreau à l'oseille
●
Quatre-quarts de Caroline

Vin conseillé :
Crémant de Loire

1 Dans une grande jatte, tourner le beurre en mousse et le sucre 3 à 4 min, y incorporer les œufs un par un en tournant longuement entre chaque, afin d'obtenir une consistance de mayonnaise.
2 Ajouter le sel, le zeste râpé et le jus du citron, puis peu à peu la farine.
3 Beurrer un grand moule à cake, y verser la pâte et faire cuire à mi-hauteur du four préchauffé à 200 °C, de 35 à 45 min.
4 Vérifier la cuisson à 35 min en piquant une lame de couteau au centre, elle doit ressortir sèche.
5 Laisser refroidir avant de démouler.

Rabottes picardes

Ingrédients

● 6 belles pommes
reines des reinettes,
● 500 g de pâte feuilletée,
● 6 cuillerées à soupe de sucre,
● 2 cuillerées à café
de cannelle en poudre,
● 60 g de beurre.

6 personnes

30 min

30-40 min

1 Préchauffer le four à 190 °C.
2 Peler les pommes et les évider.
3 Abaisser la pâte feuilletée au rouleau et la couper en carrés de 15 cm de côté.
4 Poser une pomme au milieu de chaque carré, garnir la cavité centrale d'une noisette de beurre et du mélange sucre/cannelle.
5 Relever les quatre coins du carré et les souder entre eux pour recouvrir entièrement la pomme.
6 Ménager une cheminée en haut pour que la vapeur dégagée pendant la cuisson puisse s'échapper.
7 Dorer la pâte à l'œuf battu.
8 Déposer les rabottes (on les appelle aussi « taliburs ») sur une plaque beurrée.
9 Faire cuire 30 à 40 min.
10 Manger froid ou tiède.

menu

**Maquereaux marinés
« à la cornouaillaise »**
●
Morue aux pommes de terre
●
Rabottes picardes

**Vin conseillé :
Pommeau**

Rigodon aux cerises

Ingrédients

- 280 g de farine,
- 5 g de sel,
- 125 g de sucre,
- 10 g de levure de boulanger,
- 7 œufs,
- 150 g de beurre,
- 20 g de beurre fondu,
- 25 cl de crème épaisse,
- 25 cl de lait,
- 1 petite cuillerée
de vanille liquide,
- 500 g de cerises dénoyautées.

6 à 8 personnes

10 h

1 h 10

Menu

Velouté de moules
au poireau
•
Sauté de veau marengo
•
Rigodon aux cerises

Vin conseillé :
Bourgueil

1 Tamiser la farine et faire une fontaine.

2 Y mettre le sel, 25 g de sucre, un œuf et la levure.

3 Mélanger et délayer avec un peu d'eau tiède, puis incorporer deux œufs.

4 Travailler la pâte jusqu'à ce qu'elle se décolle du plan de travail, puis ajouter 150 g de beurre.

5 Faire pousser la pâte à température ambiante pendant 2 h, puis la rompre et la mettre au réfrigérateur pendant 8 h.

6 Chemiser les parois d'un moule avec le beurre fondu et un peu de farine, y mettre la pâte.

7 Refaire pousser cette brioche, puis la mettre au four à 180°C pendant 30 min.

8 Une fois cuite, prendre 200 g de cette brioche et la couper en cubes de 1 x 1 cm.

9 Dans une jatte, mettre quatre œufs et 100 g de sucre.

10 Faire blanchir les œufs.

11 Ajouter le lait, la crème et la vanille liquide.

12 Mélanger à cette préparation les cerises dénoyautées et les cubes de brioche.

13 Mettre le tout dans un moule à cake et cuire au four à 170°C pendant 40 min.

14 Il est possible d'accompagner ce gâteau de confiture, de crème fraîche ou d'un coulis de fruits rouges.

Sablés

Ingrédients

- 250 g de farine,
- 250 g de beurre,
- 125 g de sucre semoule,
- 3 œufs,
- 1 citron,
- 1 pincée de sel.

6 personnes

 ≥5 min
 7-8 min

Menu

1 Faire cuire les œufs à l'eau bouillante pendant 10 min.
2 Les refroidir sous l'eau froide.
3 Les écaler.
4 Séparer les jaunes des blancs.
5 Laver et essuyer le citron.
Dans une terrine, verser la farine, le sel, le sucre et les jaunes d'œufs.
6 Mélanger énergiquement à la fourchette.
7 Faire ramollir le beurre et l'incorporer doucement à la préparation, ainsi que le zeste du citron râpé.
8 Bien pétrir avec la main et façonner une boule de pâte.

9 La recouvrir d'un linge et la laisser reposer dans un endroit frais pendant une heure.
10 Abaisser la pâte au rouleau à pâtisserie sur une épaisseur d'un demi-centimètre.
11 Y découper de grands cercles avec un emporte-pièce cannelé.
12 Les couper en quatre.
13 Mouiller la tôle à pâtisserie et y déposer les sablés.
14 Faire cuire de 7 à 8 min à four très chaud.

Flamiche (tarte aux poireaux)
•
Carré d'agneau
à la narbonnaise
•
Sablés

Vin conseillé :
Montlouis pétillant

Sablés de Caen

Ingrédients

- 200 g de sucre en poudre,
- 1 sachet de sucre vanillé,
- 180 g de beurre très frais,
- 280 g de farine,
- 3 g de cannelle en poudre,
- 2 cl de pommeau,
- 2 cl de calvados.

24 pièces

 30 min
 12 min

menu

Bouriquette
•
Brandade de morue
•
Sablés de Caen

Boissons conseillées :
Jus d'orange - café
chocolat - thé

1 La veille, mélanger tous les ingrédients en terminant par le pommeau et le calvados.
2 Cuire le lendemain à four chaud dans de petits moules beurrés et sucrés.

3 Ils se gardent plusieurs jours dans une boîte métallique fermée. Au goûter des enfants, cela vaut toutes les tartines du monde.

Spéculoos

Ingrédients

- 600 g de farine,
- 360 g de cassonade,
- 1 pincée de sel,
- 8 à 10 cl d'eau,
- 120 g de beurre,
- 1 cuillerée à café de cannelle,
- 1 clou de girofle écrasé,
- 1/2 paquet de levure chimique.

6 personnes

20 min
(+ temps de repos)

15 min

1 Mettre la farine en fontaine dans une terrine.

2 Ajouter la levure chimique, la cannelle, le clou de girofle, la cassonade et le sel au milieu de la fontaine.

3 Incorporer peu à peu le beurre en petits morceaux et travailler le tout du bout des doigts.

4 Ajouter l'eau par petites quantités de manière à obtenir une boule homogène et ferme.

5 Laisser reposer la pâte pendant 1 h.

6 Préchauffer le four à 180 °C.

7 Étaler la pâte au rouleau sur 5 mm d'épaisseur et découper des motifs : étoiles, cœurs, petits personnages, Père Noël, etc.

8 Les disposer sur une tôle beurrée et faire cuire pendant 15 min.

Menu

Soupe au chou
•
Raie bouclée au cidre
•
Spéculoos

Vin conseillé :
Blanquette de Limoux

Tarte au chocolat

Ingrédients

Pâte :
- 250 g de farine,
- 125 g de beurre mou,
- 80 g de sucre,
- 1 œuf entier ou 2 jaunes d'œufs.

Garniture :
- 100 g de chocolat noir,
- 150 g de beurre mou,
- 100 g de sucre glace,
- 2 jaunes d'œufs,
- 1 cuillerée à soupe de cognac,
- 150 g de noisettes hachées.

6 à 8 personnes

1 h   20 min

Menu

Salade à l'oignon frit
•
Sauté de veau
à la champenoise
•
Tarte au chocolat

Vin conseillé :
Crémant d'Alsace

1 Pour préparer la pâte, verser la farine dans une jatte et y creuser un puits.

2 Mettre au centre : le sucre, l'œuf ou les deux jaunes et le beurre.

3 Mélanger rapidement du bout des doigts en incorporant peu à peu la farine.

4 Ne pas trop travailler. Ramasser la pâte en boule, l'envelopper d'un film plastique et la laisser reposer 1 h au frais.

5 L'étaler et en garnir un moule à tarte beurrée.

6 Piquer le fond à l'aide d'une fourchette.

7 Le garnir d'aluminium ménager et recouvrir de noyaux de fruits ou de haricots secs pour empêcher la pâte de gonfler à la cuisson.

8 Faire cuire 15 min dans le four préchauffé à 210 °C.

9 Retirer la garniture qui recouvre la pâte, et remettre le fond de tarte dans le four éteint encore 10 min environ.

10 Laisser totalement refroidir avant de démouler.

11 Préparer la garniture.

12 Couper le chocolat en morceaux et le faire fondre dans un bol au bain-marie avec le cognac et deux cuillerées à soupe d'eau.

13 Retirer du bain-marie, ajouter le beurre et le sucre, mélanger.

14 Incorporer les jaunes d'œufs et 100 g de noisettes hachées.

15 Garnir le fond de tarte de cette crème au chocolat et saupoudrer le centre avec le reste des noisettes.

Tarte des demoiselles Tatin

Ingrédients

- 4 à 5 belles pommes épluchées, reinettes ou boskoop ,
- 100 g de beurre,
- 100 g de sucre,
- 1/2 citron,
- 5 cuillerées à soupe d'eau-de-vie ou d'armagnac,
- 1 pâte brisée.

6 personnes

15 min

30 min

menu

1 Mettre le beurre, coupé en morceaux, dans un moule à manqué antiadhésif.

2 Faire fondre sur feu très doux ; ajouter le sucre et faire légèrement caraméliser.

3 Retirer du feu, recouvrir de quartiers de pommes bien serrés.

4 Les arroser de jus de citron.

5 Chauffer l'armagnac dans une petite casserole, le flamber et le verser sur les pommes.

6 Recouvrir le tout de pâte brisée.

7 Faire cuire 30 min dans le four préchauffé à 210 °C.

8 Laisser un peu tiédir à la sortie du four avant de retourner cette tarte sur un plat de service.

9 Servir chaude ou tiède.

Peut également se faire avec des poires.

Cette tarte serait due, selon la légende, à une maladresse de Fanny Tatin, qui cuisinait au siècle dernier à Lamotte-Beuvron, et qui, ayant laissé choir la tarte qu'elle avait préparée, l'enfourna à l'envers. Cet envers, l'expérience a prouvé qu'il valait mieux encore que l'endroit !

Velouté de fanes de radis
•
Gigot à la brayaude
•
Tarte des demoiselles Tatin

Vin conseillé :
Champagne

Tarte au goumeau

Ingrédients

- 350 g de pâte brisée.

Goumeau :
- 50 cl de lait,
- 20 cl de crème,
- 4 œufs,
- 100 g de sucre,
- 5 cl de rhum,
- 30 g de sucre.

8 personnes

30 min

20-30 min

Menu

Salade de pétoncles
•
Lapin aux pruneaux
et aux raisins
•
Tarte au goumeau

Vin conseillé :
Vin de Loire

1 Après avoir étalé la pâte, préparer le goumeau en mélangeant les œufs battus, le sucre, le lait et la crème.
2 Verser sur le fond de la tarte.

3 Enfourner 20 à 30 min à 220 °C.
4 À la sortie du four saupoudrer avec les 30 g de sucre et arroser de rhum.
5 Flamber.

Tarte aux myrtilles de Frasne

4 personnes

30 min

25 min

1 Étaler la pâte feuilletée sur un plan de travail légèrement fariné, d'une épaisseur de 3 mm.
2 Découper quatre cercles de 15 cm de diamètre.
3 Piquer les fonds de tarte en laissant une bordure de 1,5 cm.
4 Mélanger le jaune d'œuf avec une cuillère à soupe d'eau.
5 Passer cette dorure sur le bord des tartes à l'aide d'un pinceau.
6 Enfourner 20 min à 220 °C.
7 Laver les myrtilles.
8 Dans une casserole, cuire pendant 5 min 250 g de myrtilles avec 50 g de sucre.
9 Passer au chinois fin.
10 Laisser refroidir.
11 Mélanger les myrtilles fraîches au jus sucré de myrtilles cuites.
12 Garnir les fonds de tarte et servir.

Menu

Traditionnelle saucisse de Morteau et pommes de terre en salade
•
Poitrine de veau farcie
•
Tarte aux myrtilles de Frasne

Vin conseillé :
Côtes du Jura mousseux

Tarte normande du père gaston

Ingrédients

- 500 g de pâte brisée ou feuilletée,
- 1 kg de pommes épluchées (calvilles ou reinettes) coupées en huit quartiers,
- 120 g de beurre,
- 60 g de sucre semoule,
- 1 sachet de sucre vanillé,
- 150 g de confiture d'abricots,
- 1 blanc d'œuf,
- 150 g de sucre glace,
- quelques gouttes de jus de citron.

4 personnes

35 min

1 h

Menu

Soupe de potiron
•
Potée morvandelle
•
Tarte normande
du père Gaston

Vin conseillé :
Bourgueil

1 Dans le beurre noisette, faire confire les pommes, ajouter le sucre semoule et la confiture d'abricots.

2 Laisser refroidir.

3 Garnir le moule à tarte de la pâte en débordant de chaque côté pour souder ensuite le dessus, une fois garni des pommes.

4 Garnir la poche avec les pommes confites.

5 Refermer hermétiquement avec la pâte et souder le tout en passant dessus du jaune d'œuf au pinceau.

6 Mélanger et battre le blanc d'œuf et le sucre glace (glace royale), faire bien blanchir et ajouter au dernier moment trois gouttes de jus de citron, étendre sur la pâte (dessus) ce mélange et cuire 1 h à four chaud 160 à 170 °C environ.

7 Baisser le four si le dessus colore trop.

Tarte aux pommes rustique

Ingrédients

- 250 g de pâte semi-feuilletée au cidre,
- 4 grosses pommes acidulées (Teint frais, reinettes),
- 1 poignée de raisins secs blonds,
- 3 à 4 cuillerées à soupe d'eau-de-vie de cidre,
- 1 noix (50 g) de beurre demi-sel,
- 3 cuillerées à soupe de sucre,
- 2 cuillerées à soupe d'amandes effilées.

4 personnes

 20 min  30 min

1 Faire chauffer, dans une petite casserole, les raisins secs avec l'eau-de-vie de cidre.

2 Puis les flamber et les laisser macérer le temps de la préparation.

3 Préchauffer le four à 210 °C.

4 Garnir un moule à tarte de 24 cm de diamètre avec la pâte semi-feuilletée au cidre.

5 Éplucher les pommes et les couper en six quartiers.

6 Les disposer sur la pâte.

7 Les saupoudrer de sucre.

8 Les recouvrir avec les raisins macérés et les amandes effilées.

9 Parsemer tout le dessus de la tarte de petits flocons de beurre.

10 Faire cuire 30 min dans le four ou jusqu'à ce que la tarte soit dorée.

11 Servir tiède.

Menu

Tomates farcies à la pince et l'herbe

•

Thon cuit et cru au gingembre, échalotes et jus d'ail rôti

•

Tarte aux pommes rustique

Vin conseillé :
Cidre brut

Tarte « à l'pronée »

Ingrédients

- 450 g de pâte brisée,
- 1 kg de gros pruneaux,
- 1 bâton de cannelle,
- 120 g de sucre en poudre.

8 personnes

40 min

30-35 min

menu

Roëstis aux œufs cassés
●
Poulet sauce rouilleuse
●
Tarte « à l'pronée »

Vin conseillé :
Côtes du Rhône

1 Faire une pâte brisée.

2 Faire bouillir deux tiers de litre d'eau avec le bâton de cannelle et 50 g de sucre.

3 Y mettre les pruneaux à gonfler pendant 30 min.

4 Préchauffer le four à 210 °C.

5 Abaisser la pâte au rouleau et en garnir une tourtière beurrée.

6 Égoutter les pruneaux, les dénoyauter et les disposer sur la pâte en les serrant bien.

7 Saupoudrer avec le restant du sucre.

8 Faire cuire 30 à 35 min.

9 Vous pouvez utiliser le jus de trempage des pruneaux en rajoutant un peu de sucre et le faisant réduire à feu vif jusqu'à obtenir une consistance sirupeuse.

10 Napper alors les pruneaux avec ce sirop épais.

Tarte au quemeu

Ingrédients

Pâte :
- 200 g de farine,
- 100 g de beurre,
- 1 pincée de sel,
- 1 petit verre d'eau.

Garniture :
- 125 g de sucre,
- 1 paquet de sucre vanillé,
- 80 g de farine,
- 3 œufs,
- 75 cl de lait.

6 à 8 personnes

45 min

35 min

1 Préparer une pâte brisée avec farine, beurre, sel et eau.

2 Laisser reposer la pâte 1 h.

3 Dans un saladier, battre les œufs entiers avec le sucre semoule et le sucre vanillé.

4 Ajouter la farine.

5 Faire bouillir le lait et le verser sur le mélange.

6 Verser le tout dans une casserole et faire cuire à feu moyen en remuant constamment.

7 Lorsque le flan a épaissi, retirer du feu.

8 Abaisser la pâte et en garnir une tourtière beurrée.

9 Verser le flan sur le fond de pâte.

10 Faire cuire à four chaud (210 °C) pendant 35 min environ.

menu

Soupe à l'oseille
●
Brochettes de flétan
en friture
●
Tarte au quemeu

Vin conseillé :
Champagne

Tarte aux raisins

Ingrédients

- 1 pâte brisée,
- 750 g de raisin blanc lavé et égrené,
- 3 œufs,
- 150 g de sucre,
- 50 g de farine,
- 50 g de fécule de pomme de terre,
- 1 citron : zeste râpé, jus pressé ;
- 50 g de beurre mou.

6 à 8 personnes

40 min — 1 h

Menu

Gelée de tomates,
espuma au basilic
●
Bœuf bourguignon
●
Tarte aux raisins

Vin conseillé :
Sancerre rouge

1 Préchauffer le four à 200 °C.
2 Garnir un moule à tarte de 24 cm de diamètre avec la pâte brisée.
3 La recouvrir de grains de raisin.
4 Faire cuire 20 min dans le four.
5 Pendant ce temps, fouetter (au batteur électrique) les œufs avec le sucre dans une jatte posée sur une casserole d'eau chaude jusqu'à ce que le mélange blanchisse et double de volume.
6 Retirer de la chaleur, ajouter le zeste de citron râpé, puis la farine et la fécule à travers un tamis en soulevant la pâte à l'aide d'une spatule souple ou d'un fouet à main.
7 Incorporer délicatement le jus de citron et le beurre.
8 Verser cette pâte sur la tarte et faire cuire encore 30 à 40 min.
9 La servir tiède ou froide saupoudrée de sucre glace.

Tarte renversée aux pommes et miel de sapin

Ingrédients

- 4 pommes golden,
- 100 g de sucre,
- 40 g de beurre,
- 2 cuillerées à soupe de miel de sapin,
- 100 g de pâte feuilletée.

4 personnes

 25 min

 40 min

1 Préparer un caramel avec 100 g de sucre.
2 Chemiser un moule à génoise avec une feuille d'aluminium, bien la beurrer.
3 Verser le caramel dessus.
4 Éplucher les pommes : les couper en six et les mettre dans une poêle avec 40 g de beurre et deux cuillerées à soupe de miel de sapin.
5 Laisser cuire 20 min à couvert.
6 Ôter les pommes et les arranger dans le moule à génoise.
7 Poser dessus une abaisse de pâte feuilletée et cuire au four environ 30 min.
8 Retourner la tarte sur une grille.
9 Ôter la feuille d'aluminium.
10 Présenter sur un plat à tarte.

menu

Crème glacée de concombre
à la menthe
•
Blanquette de veau
•
Tarte renversée aux pommes
et miel de sapin

Vin conseillé :
Gewurztraminer

Tarte au sucre

Ingrédients

- 250 g de farine,
- 125 g de beurre,
- 1 pincée de sel,
- 1 œuf,
- 20 g de levure de boulanger,
- 1 cuillerée à soupe de sucre en poudre,
- 1 petit verre d'eau.

Garniture :
- 100 g de cassonade,
- 100 g de beurre,
- 1 œuf,
- 1 pincée de cannelle.

6 personnes

 30 min

 30-35 min

(+ temps de repos)

Menu

Soupe au cresson
•
Brouffade gardoise
•
Tarte au sucre

Vin conseillé :
Cotaux de l'Aubance

1 Mettre l'eau tiède dans un saladier, délayer la levure dans un peu d'eau tiède et ajouter le sucre, l'œuf et la farine en pétrissant bien le tout.

2 Ajouter le beurre coupé en petits morceaux et continuer à pétrir la pâte. Elle doit former une boule.

3 Couvrir d'un linge et laisser lever dans un endroit tiède pendant 2 h. La pâte va doubler de volume.

4 Abaisser la pâte au rouleau et la mettre dans un moule à tourtière beurré et fariné.

5 Laisser lever pendant 30 min encore.

6 Battre l'œuf entier avec la cannelle.

7 Étaler le mélange sur la pâte à l'aide d'un pinceau.

8 Saupoudrer de cassonade et disposer des petites noisettes de beurre sur toute la surface, puis enfourner à four chaud (220 °C) pendant 30 à 35 min.

9 Compter 10 min de moins si vous faites une pâte brisée.

Tarte sucrée au potiron

Ingrédients

- 250 g de pâte sablée,
- 1 kg de potiron,
- 100 g de sucre,
- 1 sachet de sucre vanillé,
- 2 jaunes d'œufs,
- 10 cl de lait,
- 2 cuillerées à soupe de crème,
- 30 g de beurre,
- 1/3 de cuillerée à café de cannelle,
- 1 zeste d'orange.

6 personnes

 10 min  40 min

Menu

1 Éplucher le potiron et le couper en cubes.
2 Le mettre dans une cocotte avec le beurre, la cannelle et le zeste d'orange.
3 Laisser cuire à couvert 20 min.
4 Étaler la pâte dans un moule à tarte.
5 Y Verser le mélange.
6 Incorporer au mélange la crème, les jaunes, le lait et le sucre.
7 Verser ce mélange sur la pâte.
8 Cuire à four chaud.
La butternut, le sweet dumpling, la courge longue de Nice conviennent pour cette recette.

Gratin d'asperges
•
Tacaud à la tomate et à la moutarde aux herbes
•
Tarte sucrée au potiron

Vin conseillé :
Muscat de Rivesaltes

Tarte d'Yport

Ingrédients

- 150 g de farine,
- 80 g de beurre,
- 1 œuf,
- 5 g de levure de boulanger,
- 1 cuillerée à soupe d'huile,
- 3 cuillerées à soupe de lait,
- 1 pincée de sel.

Garniture

- 4 pommes acides,
- 30 g de beurre,
- 150 g de sucre semoule,
- 80 g de farine,
- 80 g de poudre d'amande,
- 1 cuillerée à café de cannelle,
- 1 cuillerée à soupe de calvados,
- 1 jatte de crème fraîche.

6 personnes

 40 min
 40 min

Menu

Salade de coques aux radis roses et aux herbes vertes

•

Sauté de veau marengo

•

Tarte d'Yport

Vin conseillé :
Bordeaux clairet rosé

1 Délayer la levure avec un peu de lait tiède.

2 Verser la farine dans une terrine.

3 Faire un trou au milieu.

4 Y mettre le beurre fondu, la levure, l'œuf, l'huile et une pincée de sel.

5 Malaxer rapidement la pâte du bout des doigts jusqu'à obtenir un mélange friable.

6 Laisser reposer durant une bonne heure dans un endroit pas trop chaud.

7 Beurrer un moule à tarte et le foncer à la main avec la pâte.

8 Éplucher les pommes.

9 Enlever cœurs et pépins. Les couper en grosses lamelles.

10 Mélanger dans une terrine la farine, la poudre d'amande, le sucre semoule et la cannelle.

11 Ajouter le beurre coupé en petits morceaux.

12 Parfumer avec le calvados.

13 Disposer les lamelles de pommes sur la tarte.

14 Recouvrir avec la crème d'amande travaillée.

15 Enfourner à four chaud et laisser cuire 40 min.

16 Servir la tarte chaude avec une jatte de crème fraîche.

Tourte
à la rhubarbe

Ingrédients

- 500 g de rhubarbe,
- 300 g de pâte sucrée,
- 2 œufs,
- 150 g de sucre,
- 100 g de crème épaisse,
- 1 pincée de maïzena,
- 2 ou 3 biscuits à la cuillère.

4 personnes

30 min

35 min

1 Éplucher et couper la rhubarbe en petits morceaux de 5 mm de côté.

2 Réaliser votre appareil à tourte en mélangeant les œufs, le sucre, la crème épaisse et la pincée de maïzena.

3 Étaler une partie de la pâte sucrée, en foncer une tourtière d'un diamètre de 20 cm.

4 Émietter les biscuits à la cuillère sur la pâte et étaler la rhubarbe coupée en petits morceaux.

5 Ajouter l'appareil à tourte et recouvrir d'une abaisse de pâte sucrée.

6 Bien sertir les bords et passer dans un four à 190 °C.

7 Démouler et manger légèrement tiède.

Menu

Omelette au chaource
•
Lapin sauté chasseur
•
Tourte à la rhubarbe

Vin conseillé :
Pinot gris d'Alsace blanc

Tuiles à la farine de lentilles

Ingrédients

- 125 g de blancs d'œufs,
- 100 g de sucre glace,
- 100 g de farine de lentilles,
- 130 g de beurre,
- huile pour graisser la plaque,
- 160 g de blancs d'œufs,
- 200 g de crème de marrons confits.

36 pièces

 20 min
 5 min

Menu

Tarte aux navets

•

Lapin Luky Luke

•

Tuiles à la farine de lentilles

Vin conseillé :
Crémant de Bourgogne

1 Pour la pâte à tuiles, fouetter 125 g de blancs d'œufs crus avec 100 g de sucre glace, 100 g de farine.

2 Incorporer enfin 130 g de beurre cuit couleur noisette chinoisé.

3 Réfrigérer avant utilisation.

4 Sur une plaque à pâtisserie froide graissée d'huile, étaler des petits disques de pâte (8 cm de diamètre environ) d'une très faible épaisseur.

5 Cuire à 180 °C jusqu'à obtention d'une jolie coloration dorée (environ 5 min).

6 Décoller aussitôt à la spatule et poser les tuiles sur un plateau froid.

7 Vous pouvez réaliser facilement une garniture en montant en neige ferme 160 g de blancs d'œufs auxquels vous incorporerez 200 g de crème de marrons.

8 Alterner tuiles et mousse comme sur l'illustration.

Glace à la gentiane

Ingrédients

- 25 cl de lait,
- 25 cl de crème fleurette,
- 2 jaunes d'œufs,
- 100 g de sucre,
- 1,5 dl d'alcool de gentiane,
- écorces de pamplemousses confites.

4 personnes

1 h   15 min

1 Faire bouillir le lait et la crème. Travailler les jaunes avec le sucre pendant 2 min.

2 Verser la préparation chaude de lait et crème dessus en ne cessant de remuer.

3 Reverser le tout dans la casserole et cuire à feu moyen jusqu'à la première ébullition.

4 Refroidir immédiatement dans une jatte immergée dans un récipient d'eau glacée.

5 Ajouter l'alcool de gentiane.

6 Verser dans une sorbetière pour faire prendre la glace.

7 Servir dans des verres avec une écorce de pamplemousse confite.

Menu

Salade de lentilles vertes du Puy

•

Tournedos de thon à la ratatouille

•

Gaufres

Vin conseillé :
Côtes de Jura mousseux

Glace au miel de sapin des Vosges accompagnée de son cake

Ingrédients

Cake :
- 125 g de beurre mou,
- 3 gros œufs,
- 60 g de sucre en poudre,
- 70 g de miel de sapin des Vosges,
- 125 g de farine,
- 125 g de raisins secs,
- 60 g de fruits confits,
- 1 sachet de levure,
- vanille liquide ou en poudre.

Glace au miel :
- 3 œufs,
- 125 g de miel de sapin des Vosges,
- 250 g de crème fraîche,
- vanille liquide.

6 personnes

 1 h 20
 30 min

Menu

Moules à la crème
•
Osso buco
•
Glace au miel de sapin des Vosges accompagnée de son cake

Boisson conseillée :
Eau-de-vie de Savoie pétillante

Pour le cake :
1 Travailler le beurre ramolli.
2 Ajouter un à un les œufs entiers.
3 Bien mélanger avant d'incorporer les ingrédients suivants : la farine, le sucre, le miel, les raisins secs, la vanille et la levure.
4 Bien battre l'ensemble.
5 Mettre au four dans un moule beurré et fariné à 180 °C.

Pour la glace au miel :
1 Battre les jaunes avec le miel jusqu'à consistance d'un mélange mousseux.
2 Ajouter ensuite la crème et la vanille.
3 Mettre au froid pendant 30 min.
4 Battre les blancs en neige et les incorporer à l'appareil délicatement.
5 Mettre au congélateur.

Sorbet au calvados ou au pommeau

Ingrédients

- 25 cl de sirop à 30° (autant de sucre que d'eau),
- 10 cl de calvados que vous aurez fait bouillir préalablement (ou 15 cl de pommeau),
- 1/2 jus de citron,
- 10 cl de jus de pommes,
- 1 cuillerée à soupe de crème,
- 1 cuillerée à soupe de cidre sec.

4 personnes

30 min

10 min

1 Mettre dans votre sorbetière le sirop, le jus de citron, le calvados chaud, le jus de pommes, la cuillère de cidre et laisser prendre en froid.

2 Quand votre sorbet est pris, ajouter la cuillerée de crème.
3 Laisser turbiner encore 15 s et arrêter.
4 Le sorbet est prêt.

Menu

Mouclade de l'aiguillon
•
Rôti de porc à la bretonne
•
Sorbet au calvados ou au pommeau

Vin conseillé :
Pommeau

Sorbet granité à la pomme verte

Ingrédients

- 4 pommes Granny Smith (500 g),
- 1 jus de citron,
- 30 cl de sirop à 30°
(300 g de sucre en poudre
bouilli avec 30 cl d'eau),
- 8 cl de calvados pour sorbet.

4 personnes

 30 min
 20 min

Menu

Saucisse de Morteau
en brioche
●
Sauté d'agneau
en trois heures de cidre
●
Sorbet granité
à la pomme verte

Vin conseillé :
Calvados

1 La veille, émincer finement les pommes non épluchées, mais épépinées et équeutées.
2 Les mettre une nuit au congélateur, arrosées du jus de citron.
3 Le lendemain, verser le sirop chaud sur les pommes surgelées, les mixer finement aussitôt et mettre à refroidir (foisonner) dans une sorbetière.

4 Une fois le sorbet pris, servir tel quel, juste arrosé d'une larme de calvados au milieu ou en fin de repas.

Sorbet
à la rhubarbe

Ingrédients

- 500 g de tiges de rhubarbe,
- 250 g de sucre.

4 personnes

30 min

4 min

Menu

1 Éplucher les tiges de rhubarbe en tirant sur la pellicule fine de peau.

2 Couper en morceaux et mettre dans une casserole avec 1 dl d'eau.

3 Cuire sur feu moyen à couvert 4 min.

4 Passer dans le bol d'un mixer muni d'un couteau.

5 Ajouter le sucre et goûter.

6 Remettre du sucre si nécessaire.

7 Verser dans la sorbetière pour faire prendre le sorbet.

8 Servir dans des verres avec des fines lamelles de rhubarbe sucrées.

Marinade de Saint-Jacques
au gingembre et citron vert
●
Rougets grillés
à la lorientaise
●
Sorbet à la rhubarbe

Vin conseillé :
Vin d'Arbois

ENTREES

PLATS

INDEX

DESSERTS

INDEX

Toutes les recettes de cet ouvrage, dont les auteurs sont les suivants, sont extraites
des collections « cuisine » des Editions Ouest-France :
Andant Jean-Yves, Association des tables gourmandes de Loire-Atlantique,
Bruneau Michel, Carpentier Gérald, Chanliaud Roland, Charlon Raymonde, Cercle culinaire de Rennes,
Curie Geneviève, Faivre Marc, Fonteneau Jean-Marie, Guilbaud Lionel, Guilbault Jean-Marie,
Guy Ghislaine, Lebédel Claude, Leroux Brigitte, Leymarie Jacqueline, Mouty Jean-Luc,
Nespoux Jean-Pierre, Nouet Martine, Obriot Claudy, Ringer Stéphane,
Romestant Henri-Dominique, Thépaut Nicole

Crédits photographiques :
Benaouda Didier, Ehrard Marcel, Enjolras Bernard, Gratien Jean-Patrick, Herlédan Claude, Nouet Martine

Mise en page : Nord Compo, Villeneuve d'Ascq (59)
Cet ouvrage a été achevé d'imprimer par l'imprimerie Quebecor à Mary sur Marne (77).

© 2002 - Edilarge S.A., Editions Ouest-France, Rennes
ISBN : 2.7373.3159.5 **N° d'éditeur :** 4475.01.22.10.02 - **Dépôt légal :** octobre 2002

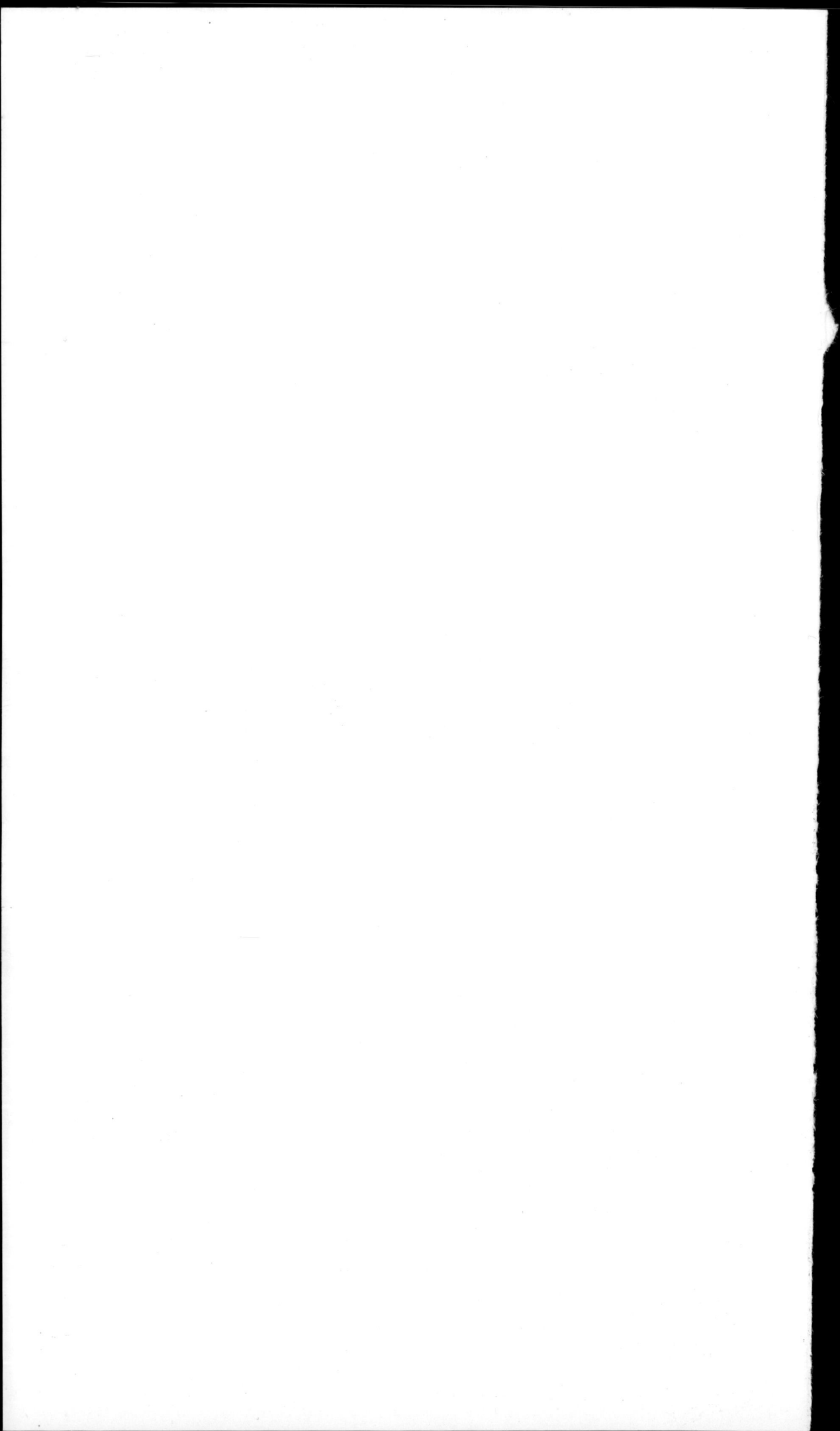